獻給
Catherine

# 離別韓國

台灣父子在南韓的相會

吳祥輝 著

（Shutterstock 提供）

# 目錄


4 自序 十年一願
10 序篇 最後的離別

## 第一篇 激進的南韓

16 快就好 備品除外
20 小博物館的島嶼
24 濟州變中國的
28 半閉海的韓半島
34 43事件封島屠殺
38 中國語成新寵
43 泡菜人情對味
48 光州518事件
54 幸福的台灣政府
58 被模糊的台灣

## 第二篇 南韓進行式

64 韓屋村 館海戰術
71 韓劇的夢幻效應
75 南韓現在進行式
80 甲川水淺 步行渡河
86 八十八萬韓圓世代
92 畢業整容 面試整容
96 美軍基地大調整
102 國債惡化速度驚人

## 第三篇 財團共和國

110 大財團小總統
116 政治資金法 比台灣先進
120 八爪章魚變百足蜈蚣
126 繼承者的天堂
131 職業運動 財團掌控
136 南韓的重工版圖
141 國際新主流 幸福評價
146 南韓日本病 台灣英國病
152 德國人最嫌韓
160 水營女孩


## 第四篇 霸凌的南韓

168 抗日獨立總紀念
172 父子同學喜相逢
178 華僑正妹的悲傷
183 傳貰月貰 經濟霸凌
188 我跟你很熟嗎？
192 麻浦大橋
197 南韓有三種人
202 以虎自許 似兔而居
208 家和幸福的對話
214 中國魔咒 自成一格

# 自序

## 十年一願

十年前，二〇〇五年，一個簡單的心願。想寫一本書送給關心台灣的人。那是二〇〇四年，五十歲時許下的生日禮物。寫著寫著。蛻變成三本書才得償心願。

二〇〇六年，《芬蘭驚艷》掀起高潮時，我已在《驚歎愛爾蘭》的寫作旅行。寫相信的，忠於自己，對台灣有益的。歡呼收割或恐懼後果，不是我寫作的考慮。這是我的人生典型。不留戀，向前行。美好後果具激勵性，悲劇後果有啟發性。真正專心寫作一本書只需要三個月，但是，匆忙前行，不能有害從容的敘事情境。就這樣，寫一本書的單純心願，發展成三部曲的五年寫作計劃。

二〇〇九年，《驚喜挪威》出版。完成一個自我探索的旅程。作家只是在自問：什麼是台灣？什麼是台灣人？什麼是台灣識別？這樣的自問自答，形成國家書寫三部曲的敘事情境。出乎預料。追尋台灣識別竟發現台灣自信。不意外，只是不再記憶。「自信源於自知」是基本事理，四十年前就寫在《拒絕聯考的小子》裏。

《告別中國》《惜別日本》和《離別韓國》，是第二個五年。衡量的只是一顆「四季如春，台灣之心」。二十一世紀的台灣宜有自己的國家定義。

複製成功經驗不屬於我的個性。國家書寫系列的六本書，儘管是同種寫作格局，卻有些差異。最迷人的Catherine在第一個三部曲後淡出，換上父子同行。六個國家的筆觸願能貼近主題國個性。芬蘭極簡。愛爾蘭哀怨。挪威淡定。中國強烈。日本優美。南韓短捷。

《離別韓國》幾度在寫作過程中出現心靈困竭的吶喊。總而言之，這不是一次充滿喜悅和幸福感的寫作。想來，讀者也不會有愉悅的閱讀享受。

南韓的難寫，是多方位真相，排擠想像的趣味空間。旅行見聞和感受儘管真實，卻只是個人經驗，不足為憑。需要統計數據，和廣泛的資訊才能相互印證。想像空間就此被迫終結。

南韓的難寫，是台灣充滿南韓的商業行銷性信息，加上政治操作的選擇性扭曲。就像您心目中有個美麗韓星，作家拿出她整形前照片，又能如何讓您相信，我出示的才是她真正的原形。

南韓的難寫，是台灣哈韓族和反韓族的情結都堅定不移，不惜火拼。向任一方傾斜都不是作家的本意。作家自有依據，感受，洞悉和見地。可是，怎麼讓意念形同水火的各路讀者，都能敞開心胸，跟著旅程，發現一個比較接近真實的異國世界，就是章節佈局的最大考驗。

艱難的心靈，終於在寫作過程中化解。寫作是知性的廣度和深度理解，也是感性的沈澱和澄靜。寫著寫著，發現已擺脫哈韓或反韓的環境制約。只剩下一個單純的意念。願這

（Shutterstock 提供）

本書能讓不同心理背景的讀者，重塑各自的南韓感情。

南韓的難讀，是基於筆觸原因。初稿十萬七千字被作家刪成七萬字。力求跆拳韓風，即起即落。誠懇建議讀者，《離別韓國》適合慢慢看。看一章或兩三章就休息。

十年一願，走來從容，回看匆匆。感謝我的妻子Catherine。她是個平均每個月要看十五本各國小說的敏感女子。她的溫柔心思和靈巧語彙，啟發和幫助我掙脫政治性思維和剛性語言。畢竟在政治性領域歷練二十多年，容易變得較為剛硬。也要感謝旅程中，分別和我同行的三個兒子。他們讓我更能體貼當代台灣年輕人的心靈和處境。

感謝旅程中幫助我的人，他們當然都是形成作品的元素。寫作本身也是旅程，每本書的試讀者對我都關係重大。《離別韓國》同時有三位試讀者伴我一路。從自由書寫到試讀後的修正初稿，到最後定稿，他們可能都已經看過三四十萬字之多。感謝屏東的佑全，旅北的屏東姑娘怡慧，以及正在愛爾蘭打工度假的博齊。整整陪我兩個多月的白天和黑夜，給我寶貴的意見。

有時會想，如果沒有二三十萬個讀者，或長或短地支持國家書寫系列，是否仍能一直維持高成本的旅行寫作？只能大膽假定，無從小心求證。只能感謝讀者，一個十年心願如果沒有廣大的支持，確定難以成功。也提醒讀者，得感謝自己。

十年既過，或許仍有一個十年寫作。作家仍是同樣的寫作情境，寫完這本就要別世，那要寫什麼？人生當做的莫猶疑，離別才可能歡喜大於傷悲。祝福離別之人。

（Shutterstock 提供）

# 序篇

# 最後的離別

人生是一連串的離別。上學吻別父母，放學揮別同學。嬰兒離開母體，青春告別童年。離別故土，離別成見，離別舊習，離別總有些喜悅隱動在裡邊。最後，終有一天，要和最親愛的人永別。

忽然間，三個兒子都已經成年。責任上，肩膀放輕。親情上，漸去漸遠。大兒子在一家日本跨國公司上班。二兒子的情節也充滿陽光。他大學畢業出社會後，就設定年收入破百萬的目標。據說年年達標，年年成長。小兒子經濟還沒獨立，有他才剛要開始摸索的未來。

大兒子通常晚上八九點才能離開公司。他留英留美留日的養成，是日本跨國公司國際化和在地化的生力軍。

「我很久沒有看到你的笑容。」

「我同事也都這樣說。」

「這個給你。」周末回家，Catherine 送他一整包面膜。

「幹嘛？」

「媽媽看到你有黑眼圈。」

我變得開始喜歡約二兒子回家聊天。父母關心孩子的只有一件事，就是幸福。

「你比你哥還忙。」我笑笑地。

「沒辦法啊。」他說。

「忙很好啊，但忙到一星期沒空陪我喝瓶啤酒，就太忙了。」

「我有啊。」他的聲調是抗議和委屈的綜合。

我們笑著碰杯，父子習慣共飲三罐小罐裝的啤酒。

「這是兩星期來唯一的一次吧？」

「是喔。」他不好意思地說。

「哪有當爸爸的人那麼愛找兒子？」Catherine 說。她認為奇怪的人是我。喔，瞭解，馬上改過。

小兒子十九歲入伍，當一年海軍陸戰隊。他要盛裝參加他大哥的婚禮，特別去理出「終極殺陣」男主角的髮型。婚禮隔天，他的排長就來電話找我。問我同不同意他理這種頭。我還能怎麼同意或不同意呢？

「軍中不能在頭髮上這樣弄。」排長說。

「就叫他理掉啊。」我是正直老爸，從不護短。

「理掉變成理光頭。部隊規定不能理光頭，除非關禁閉。」排長說。

「那要怎麼辦？」我是誠懇老爸，真的是被這兩個官兵，搞得智慧盡失。

「不知道該怎麼辦，所以才打電話請教你。」排長說。

「給他記個小過或警告，再找個勞動服務給他做，記嘉獎，以功補過。」說著才想去當學校訓導主任，保證本校清潔比賽聞名全國。

事後請教一位髮型設計師，原來那是流行的「閃電頭」，是「蛋頭」的同族。閃電頭陸戰隊總算安全退伍。我們去看他外婆。

「阿媽都有替你吃齋念佛，要乖喔，要聽爸爸媽媽的話。」

「謝謝阿媽。」

「謝謝媽媽。」Catherine 趁機撒嬌，親她媽一個。

「謝謝大家。」我說。不然捏？

三個兒子三個樣，老爸當得如此多元。有時驚險，有時感恩。真是資深中年阿爸的漂流。突然間，家中不再有大人和孩子的玩趣。Catherine 和我告別雙親的全職角色，轉任臨時工。孩子成年，父母的教養義務已經實踐或沒實踐，重任可卸。只是父子同姓，父命子名，父子連心總難改變。

三個兒子的畢業禮物，兩個完成，一個還記著。大兒子走中國，小兒子遊日本，二兒子還在忙。雖然，旅遊的主題國南韓已經選定，卻遲遲沒成行。選擇南韓是因台灣的哈韓族和反韓族都各擁重兵，常互相火拼。二兒子當家教，補習班英文老師，自己也收學生，面對的都是青少年。兩族交火，他不敢出聲，免被流彈波及。能有第一手觀察和感受，或許有助提升教學信心。終於等到全年無休的熱門英文老師，勉強騰出一星期旅行時間。我先出發，他中途到首爾會合。

「媽媽要不要和我們一起去？」兒子問。

南韓不是Catherine的菜。她不看韓劇，不買韓貨，不想整形。南韓之旅，她不同行。

韓國行匆匆敲定。小兒子為我訂第一站的旅館。Catherine替我打包行李，大清早在家門口吻別送行。計程車穿過城市和原野，華燈在黎明熄滅。班機向北直飛。離別對我通常是歡喜大於傷悲。

第一篇

# 激進的南韓

韓國西邊海路鄰近中國。北邊被俄羅斯壓頂。東邊被日本抄截。
日本四島就像一把超級長武士刀，把韓國封鎖在日本海中。
地緣政治形塑朝鮮半島被長期霸凌的歷史面貌。南韓就是這麼艱難。
台灣民主天賜得多，南韓民主是年輕人用命用鮮血打出來的。

# 01 快就好 備品除外

濟州下小雨。從桃園到濟州約一百分鐘航程。濟州國際機場的緯度，約略和日本九州福岡機場相當。

取道濟州，只是打算先過個幾天悠閒。一生勞而不苦，勤而不辛。難得無伴，一身俐落，有點孤單。走到離檢疫站約十步遠，見前面旅客拿出檢疫表，猛然發現自己沒填。正要轉身回頭補單，檢疫員似乎已經發現我的意圖。迅速而高調地急急做出手勢，示意我直接無單通過。一出國就遇好人，生平僅見。

入境審查處，旅客一波波抵達，馬上加開幾個通道。指導旅客排隊的一位中年男性關員，無預警地直接用手掌，搭上一位站排頭的韓國女性的左肩，把她往新開的通道猛然推去。行列立刻迅速隨她移動。這動作如果發生在台灣或日本，恐怕會有歧視女性或性騷擾，甚至挨告丟職的危險。還好，Catherine沒同行，不然她可能會走過去，非常有禮貌地警告人家：先生，親愛的先生，以後不能這樣推女人。知道嗎？

走到海關，申報隨身攜帶一萬美元和一萬人民幣，超過法定免申報標準。年輕關員請我到一邊稍等。才經過五秒鐘，一個看來較資深的關員就收走我的申報單，讓我通過。資淺的守規矩，資深的搞方便，合作無間。

（Shutterstock 提供）

俯瞰濟州島。

出到機場大廳旅遊諮詢中心，用英語問服務小姐：

「請問，有濟州地圖嗎？」

她馬上給我一份英文的。我長得黑頭髮，黑眼睛，黃皮膚，有像英語人嗎？可能純屬誤會，就再問：

「有濟州的中文地圖嗎？」

她立刻給我一份。英文地圖就還她。入境南韓就這麼一路毫不囉唆，享受著快就是好的跆拳風格。

濟州是南韓最大島，面積和台灣苗栗縣相當。長相親切，就像指腹橫擺。東西長南北窄，略呈東北西南走向。全島一分為二。濟州市在北，是商業和行政中心。西歸浦市在南，是旅遊區。我住在西歸浦市

「中文旅遊區」。「中文」是地名，不是這旅遊區專用中文。就像蔡英文，取名「英文」時，還不會說英文。

機場「６００」號長途巴士，約一小時就抵達中文旅遊區。全區旅館都是乳白或灰黃牆面，淺藍或靛藍屋頂。巴士沿著豪華旅館，一間間停下。有的旅館服務生已經站在車旁迎賓。

樂天酒店，新羅酒店和凱悅酒店最知名，都是五星級，有賭場。樂天酒店庭園中有三座大風車造型，夜裡風扇散發藍白光，映照藍色的弧形戶外泳池，顯得神秘又美麗。

走到櫃臺用英語問小姐：

「有沒有會說中國語的？」

「沒有。」她說。

「中國語」是南韓的說法。本書中，我們入境隨韓，一律稱「中國語」。第二天問明白，事實上有個會說中國語的，剛好輪休。

這種語言空窗，後來我一路都遇上。小旅館只有一個會中國語，可接受。五星級旅館的語言環境這樣不算友善。何況，濟州現在靠中國人拼經濟。南韓大老闆們真會節省成本。

辦好入住手續。大廳一位高挑甜美的南韓正妹，笑臉迎人，親切地向我示意。請問她商務中心在哪裡。馬上領我過去。供旅客使用的電腦四台。拉開鍵盤，韓文。

「四台都是韓文的嗎？」

她說是。沒繼續問。也沒一台台拉開查證，免得失禮。

進房間，開行李。發現沒帶插頭轉換器。下樓去要一個，等將近一小時還沒送來。快就是好，似乎不包括備品供應。看到清潔婦推車在樓層，過去和她直接拿。好笑的是，我向櫃台要的插頭轉換器，就此沒下文，也沒任何通知或抱歉。

試過幾遍，確定房間主桌的立燈不亮，兩個插座都沒電。還好，床邊牆壁插座有電。電腦延長線不夠長，就把床尾長椅當成電腦桌，屁股坐地上。

進浴室，馬桶周邊的地磚，已經四五塊變成烏褐色。浴缸上方的磁磚也有一塊變質。五星級旅館有一定的標準作業程序。污損的一定要報修，修繕完畢才能賣出。很難想像，我是不是住到000房？這是旅館業術語，Out Of Order，故障房是絕對不能賣的。

躺在暖暖熱水中，想著Catherine。還好，她沒同行。如果她在，一定會去理論，要求換房間，而且會強調「馬上」。她講求高品質，一分錢一分貨。我比較屬於能用就好，習慣於「算我倒楣」。她說我這種人多一點，人類的品味不容易進步。我說她那種人多一點，世界絕對不可能有和平。

# 02 小博物館的島嶼

「文化帶動經濟，經濟促進文化」是南韓二十一世紀的發展策略。「文化立國」和「經濟建國」互為火車頭。文化產品打前鋒，硬體經濟跟著走。文化產品占總體經濟產值不大，但對國家形象和品牌推廣，會起戰略性作用。

買南韓車和家電的，容易被認為經濟能力較差或品味低劣，或兩者都有。現在買平價或廉價韓貨，屈辱感已消失，反有跟上流行的時尚感。貧富差距擴大下，低價成為新興市場的王道。

韓劇拍攝地和博物館是地圖上的雙主角。劇名都很好聽，我一部也沒看過。不計樂園，公園，美術館，紀念館，光叫「博物館」的就約三十個。苗栗縣有三十個博物館，多威啊。

趁天黑前，想趕個景點。到大廳，請服務中心叫計程車。小姐說：「中國語車要等五十分鐘，英語車馬上就有。要哪種？」為什麼中國語車要那麼久？她再重複一次「中國語車要五十分鐘」。轉去問櫃臺「為什麼中國語車要等五十分鐘？」他遙比服務中心，叫我去問我剛問過的。自討沒趣。算了。

隔天包租中國語車。原來，中國語車得從濟州市飆到西歸浦市。想像在苗栗縣最南邊的卓蘭鎮叫車，車行在最北邊的頭份鎮，沒高速公路可走。五十分鐘不算過份。南韓十七個一級行政區，只有濟州沒有鐵路和高速公路。中國語車車體上寫著「中国语」三個简體字。

計程車簡分兩種。大車和小車，起跳不同。包租一天小車，八小時十五萬韓圓。韓圓幣值不穩定，為拼出口，跟日幣競貶。

本書內容跨年度，甚至年代。抓個概數，一元新台幣換三十六韓圓。十五萬韓圓約四千二百元新台幣。苗栗人可詢個價，苗栗縣境包輛計程車，八小時多少錢。作為台韓物價參考。

司機自我介紹是濟州大學畢業，到首爾讀國際經營管理，有碩士學位。本來在首爾上班，濟州觀光興盛後返鄉。他說，濟州經濟以前靠日本人，現在靠中國人。政府鼓勵濟州人學中文，免費補習，還把同學組織在一起就業。

說中國語，說慢點，旅遊溝通沒問題。從「信不信由你博物館」看起。展示空間不到四百坪。館藏些各地的奇怪蒐集。一位丹麥天文學家決鬥失去鼻子，用黃金做一個黏上去。身高兩百一十公分的囚犯，被關在高一百三十五公分的囚房裡。錢幣貼滿車身的汽車。南瓜形狀的馬車模型等。是個全球連鎖博物館，算有趣。

「健康與性博物館」最有可看性。健康兩字純屬詐騙。全館沒任何東西和健康特別有關。只有性姿勢，性器官種種的誇張雕刻和圖片。性感女神瑪麗蓮夢露雙手壓住被風吹

健康與性博物館。（右）　世界汽車博物館。（左）

起的裙襬，在走道迎賓。

「世界汽車博物館」觀眾最多。室內外共展出約九十輛古董級車。馬車，消防車，皇家御用嬰兒車都有。中國旅客一群又一群，到處有人和汽車合影。真是中國人一出，世界變得更活潑。

商業博物館充滿大眾趣味。建築和收藏品不需投資太大。決定商業命題，放入國際和趣味元素，就能開賣收錢。成本不高，門票便宜。看完三個平均門票不到三百元新台幣的博物館，旅客就得多住一晚，多吃三餐。這就是文化創意在觀光產業中的戰略性地位。

司機推薦去「思索之苑」。是個盆栽園。佔地一萬兩千坪，樹和花各一千多種。園內外很清靜。談不上絕品，算是有型。江澤民和胡錦濤都在園中題字留念。四甲地不很大，擺盆栽就大，夠看上一會。

南韓人確實懂行銷。東西不精，花樣多。小小的，不特別的景點串成線，鋪成面，個別量體和總體規模都配置得宜。台灣的縣市少有這種行銷面的景點佈局。去苗栗，半天嫌多。採完大湖草莓，還能去哪裡？去花蓮，一天太趕，兩天太長。看完太魯閣，晚上山腰看夜景，第二天起床補個景，買麻糬，上路回家。

雲林「虎尾驛」進去五秒鐘，出來再五秒鐘。只有硬體沒有內容。台灣最多「秒殺景點」。進去十秒鐘全部看完，除非要買紀念品。

「台灣的國際駕照在歐洲，美國，日本都能用，南韓不承認台灣國際駕照，為什麼？」我問司機。

「可能是怕增加交通事件。韓國人開車很快。」司機說。

「會不會因為南韓怕中國？」

「韓國的經濟要靠中國。」司機說。

中國沒有簽署「維也納道路交通公約」，不承認國際駕照。平等原則下，各國也不承認中國駕照。南韓政府把台灣比照中國。

# 03 濟州變中國的

台灣沒賭場。出國賭一下，就像聽政見會打兩三條「民主香腸」。傳統濟州有三多：「風多，石頭多，女人多。」風多出海危險，走路低頭。石頭多耕作艱苦。女人多，男人不是葬身海底，就是遠離家鄉討生活。

濟州新四多：賭場多，博物館多，高爾夫球場多，中國人多。到二〇一四年年底，南韓十七個賭場八個在濟州。高爾夫球場三十四座。博物館，展示館，紀念館加起來超過五十個。中國人已經成為濟州最大的外國地主。

「賭場經濟學」和「買房送居留權」，是濟州翻身的主攻。鎖定中國人當目標客戶群。澳門數據或能讓人體會。二〇〇九年，澳門賭場總營收約一百五十億美元。二〇一三年，約四百五十億美元，排名全球第一。四年增加三百億美元就是中國賭客的貢獻。中國肅貪打腐，澳門賭場營業衰退，新加坡賭場已到頂，南韓成為中國北方賭客的新戰場。

二〇一三年，南韓的外國觀光客超過一千兩百萬。中國觀光客約四百三十萬，約佔三十六％，超越日本旅客，躍居南韓外國觀光客的第一名。濟州的中國旅客高倍數成

（Shutterstock 提供）

長。二〇〇八年約十七萬五千人。二〇一三年，成長到一百八十萬人，五年成長約十倍。

二〇一〇年起，南韓通過特別法，外國人只要在濟州投資五億韓圜，約一千四百萬新台幣。購買以休養為目的的居住設施，就可在南韓生活五年。期滿沒違法行為，本人和配偶及子女就可取得南韓永久居留權。

南韓「綠卡」引爆中國人的濟州投資熱。二〇一四年以前，濟州最大的外國地主是美國人，現在退居老二。日本地主變小三。到二〇一四年年底，投資濟州獲得居留簽證的外國人，中國人約包辦九十八%。

買房送居留權，太吸引中國人。二〇一四年年底，中國地主擁有的濟州土地約七百萬平方米，將近一個台北市中正區，或三十五坪的房

｜濟州的中國旅客高倍數成長。

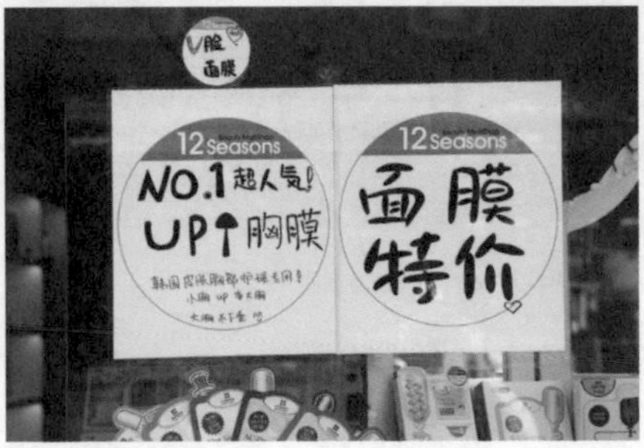


濟州市滿街中國語招牌。（上）
濟州市招攬中國遊客的廣告貼。（下）

子六萬六千六百六十間。

南韓人開始抓狂。憤怒「濟州變海南」，濟州快要「變成中國的」。二〇一四年六月，新當選的濟州道知事宣布提高條件。除購買五億韓圓房地產外，還要購買五億韓圓「濟州地方開發券」，才能擁有永久居留權。要兩千八百萬新台幣才能買到南韓「綠卡」。新知事宣布濟州移民總量管制，不得超過濟州人口百分之一。

進到旅館的賭場，先要檢查護照。南韓十七個賭場，十六個限定外國賭客，南韓人禁止進入。只有江原道的賭場允許南韓人賭。除此之外，無論國內外的任何賭場，南韓國民都被下禁令。

特許外國人進賭場，讓賭場設立大開方便門。只是這種邏輯有些怪異。國境之內，除各國大使館或領事館外，一般外國人能享有法律特權的地方，過去稱作租界。只享有賭博特權，就稱賭博租界吧。

賭場大廳迎面就是明亮的簡體中文房地產廣告。體現賭場經濟學和買房送居留權二合一。台灣如果比照辦理，全台所有餘屋，大概會被一掃而空。房價速漲五到十倍。ＧＤＰ大大增長。問題是，台灣人住哪裡？新房價台灣年輕人買得起？

賭場四處走走，看看各桌的最低賭注。還好，玩得起的賭桌有一些。滿場不見任何一個白人或黑人，全是黃種人。我只賭輪盤。賭輪盤不全靠運氣，靠技術能增加期望值。輪盤莊家經過嚴格專業訓練，能將球打到預定的位置或附近，莊家贏面大很多。也使下注變得有趣。

我喜歡先下幾注，莊家打球後再加幾注。大戰約兩小時，輸贏互見，桌上籌碼忽多忽少。換上一位女殺手，所有賭客都被她狂電。一一落跑。算一算，比兩三條民主香腸貴很多。輸掉七十二萬韓圓，約兩萬元新台幣。接近設定的每日最高停損點一千美元。走人囉。明晚再戰。

# 04 半閉海的韓半島

濟州對南韓的重要性，不在經濟，而在軍事。韓國看似臨海國，三面環海，才有「韓半島」或「朝鮮半島」的名詞。但是，從國際戰略地理格局看，韓國具備半閉海國特質。如果，失去濟州，南韓恐怕想透個氣都緊迫。

韓國整個西邊海路鄰近中國，中國稱黃海，韓國稱西海。北邊被俄羅斯壓頂。東邊被日本抄截。日本四島就像一把超級長武士刀，把韓國封鎖在日本海中。韓國稱日本海為東海。

韓國有兩個航道出鄂霍次克海。北出經韃靼海峽。海峽由俄羅斯的遠東陸地和俄屬庫頁島構成，長約九百公里，最窄處只有七．三公里。根據「聯合國海洋法公約」，俄羅斯可以主張領海十二海浬。一海浬約等於一．八五二公里，十二海浬是二十二公里多。只要俄羅斯不爽快，韃靼海峽就泡菜關門，南韓出不得。

東出鄂霍次克海，得經宗谷海峽。海峽北端是俄羅斯庫頁島，南端是日本北海道。俄羅斯和日本都可以主張十二海浬領海。兩國各十二海浬，就共約四十四．五公里。宗谷海峽只有四十公里，日俄兩國領海在此重疊。韓國想過宗谷海峽，至少要日俄其中一國點頭。

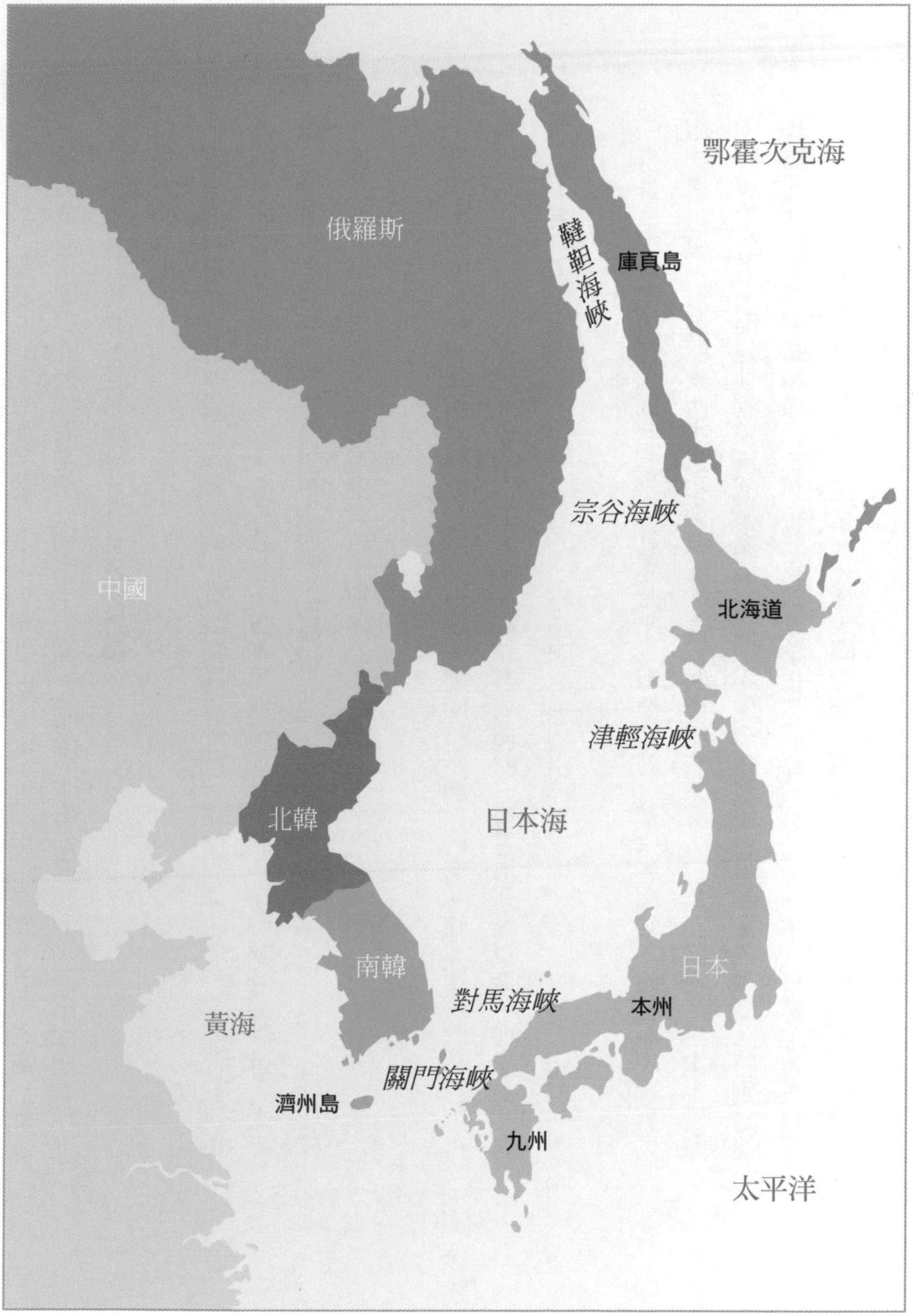

鄂霍次克海
俄羅斯
韃靼海峽
庫頁島
宗谷海峽
中國
北海道
津輕海峽
北韓
日本海
南韓
日本
對馬海峽
本州
黃海
關門海峽
濟州島
九州
太平洋

和平時，韓國可以行使無害通過權和海峽過境通行權，通過他國的領海和海峽。情勢一旦緊張，輕則可能被依海洋法公約第二十條，要求潛水艇通過領海，浮出海面航行。重則視為有害通過，登船攔檢，甚至直接封鎖。

宗谷海峽再往南的水道是津輕海峽，北海道和本州間。這是日本海唯一全年不結冰的航道，南北最窄處只有十八．五二公里。日本可以主張是領海。南韓要過海峽進入太平洋，得看日本臉色。更南的是對馬海峽。海峽東北西南走向，濟州島在海峽中。向西走，北進黃海，南入東海。向東走進入日本海。

再往南的海峽是本州和九州間的關門海峽，通向日本瀨戶內海。除非要開戰，否則得經日本同意，才能穿過。更南方的大隅海峽和宮古海峽，都在濟州島以南。如果濟州有失，韓國就被四面包圍。

事實上，日本早在一九七七年，就主張十二海浬領海。把宗谷海峽，津輕海峽，對馬海峽東水道，對馬海峽西水道和大隅海峽等五個海峽的領海，定為三海浬。日本不是對南韓佛心來著，而是便利美國武裝艦艇進出，不致引起侵犯日本領海的爭議，特別是擁有核武器的美國軍艦和潛艇，不會觸犯日本禁止核武器的國內法。中國軍艦也藉美日互惠之便，從宗谷海峽進出鄂霍次克海，從大隅海峽和宮古海峽出入太平洋。宮古海峽本就是寬闊的國際水道，在台灣東北方。

總之，如果日俄都堅持十二海浬領海，視韓國船隻通過具有威脅性。那麼，一艘從首爾外港仁川啟航的韓國船艦，就得一直開，一直開，往南開到台灣東北方的宮古海峽，才能自由進入太平洋。仁川距離宮古海峽中線約一千三百公里。如果船要運貨到美加，就要再回頭往北走，來回恐怕要多折騰兩三千公里。

韓國雖是大國，南北韓人口相加約七千六百萬，但三個鄰國都比韓國更大。日本一億兩千七百萬人，俄羅斯一億四千六百萬，中國更大上南北韓總和的近二十倍。地緣政治形塑朝鮮半島被長期霸凌的歷史面貌。南韓就是這麼艱難。

中國崛起，濟州產生經濟大變化。美國「亞太再平衡」，濟州正在建造美韓共用的海軍基地。再平衡為削弱中國影響力，維持美國在亞太超級霸權，是美國維持國際超強的長期外交政策延續。二〇一一年才被美國總統歐巴馬政策命名。

闢建濟州海軍基地，早在二十世紀就已決定。強化美日韓同盟軍事佈局。事涉敏感，外交辭令只能說為節制日本。濟州「反海軍基地運動」堅持至今。從二〇〇七年罷免和政府站同邊的江汀村村長開始，已超過七年。二〇一一年，海軍基地動工。民眾被強制驅離，通往海岸的道路被封死，架起鐵絲網。一波波反海軍基地運動者被捕入獄。

黃色和紅色緞帶隨風或垂或飄在鐵絲網上。抗爭者仍在路邊帳棚下活動。看不懂抗議

—江汀村反海軍基地運動已持續七年多。

的韓文標語，也不知布條上人像是誰，但覺顏色鮮豔，充滿活力。拍下幾張照片。

離開江汀村，轉往法環村。兩村原都有海女，法環村設有海女學校。現在連最傳統最親愛的海女們也分兩邊，互相敵視。純樸的農漁村親族反目。反海軍基地者被醜化成戴紅色眼鏡的狗，是「從北者」。台灣話就說，「北韓的同路人」和「金匪的走狗」。

曾經問過三個兒子和 Catherine：

「如果你和三個惡霸住隔壁，他們都會欺負人，都想把你佔為己有，你會怎麼辦？」

三個兒子三種路線。一個說跟最強的站同一邊。一個說想辦法打贏比較弱的。一個說誰欺負他，他就跟誰拼命。Catherine 說：「這要讀孫子兵法。」四個人四種國家總路線。「家和萬事興」根本不可能發生在國有強鄰。和不和從來不是問題的重點，沒有公平就沒有和平。

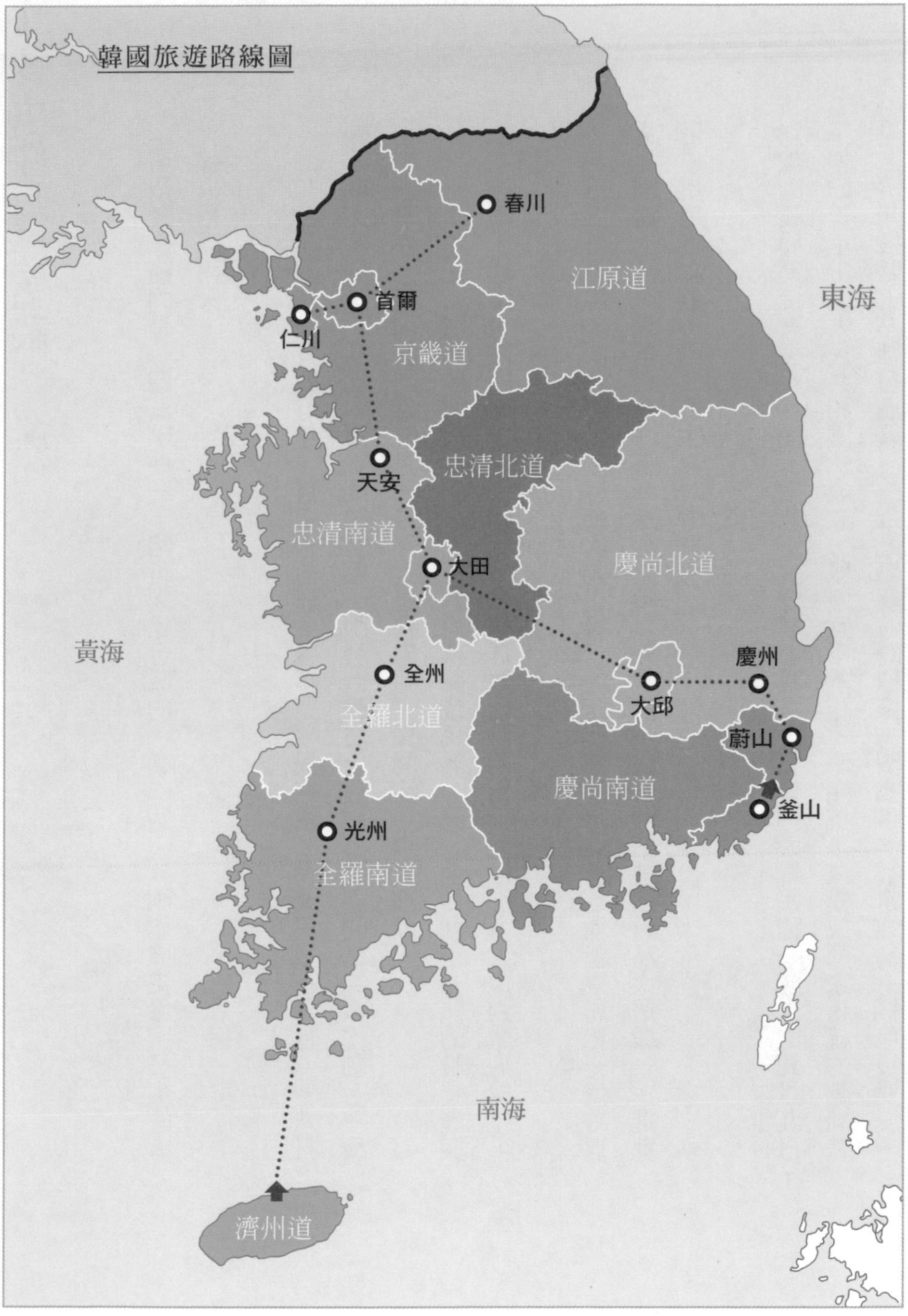
韓國旅遊路線圖
春川
江原道
東海
首爾
仁川
京畿道
天安
忠清北道
忠清南道
大田
慶尚北道
黃海
全州
慶州
大邱
全羅北道
蔚山
慶尚南道
釜山
光州
全羅南道
南海
濟州道

# 05 43事件封島屠殺

濟州最悲痛的是「四三事件」，略可類比台灣的「二二八」。兩個歷史慘案發生的導火線只相隔兩天。

二二八起因在一九四七年二月二十七日，警察對平民開槍。台灣民眾在二月二十八日開始罷工，罷市，請願。軍隊開槍鎮壓。引發台灣史上最淒厲殘忍的二二八慘劇。「濟州四三事件」起因於同年三月一日，也是警察對平民開槍，六人被殺。

三月十日起，濟州展開大罷工。不分政府機關或民間企業，全島九十五%的職場參與罷工行動，罷工人數四萬多。到隔年，被捕群眾已有兩三千人。許多人遭到嚴刑拷打，多人遭刑求致死，民情激憤。

四月三日凌晨，南韓勞動黨發動武裝起義，同時襲擊濟州島上各地警察局和一個右翼青年團體。駐韓美軍司令部下令進行鎮壓作戰，濟州民眾開始被「封島大屠殺」。這就是濟州起義命名「四三事件」的由來。

韓國政局緊接著發生巨變，南北正式分裂。八月十五日「大韓民國」成立。九月九日「朝鮮民主主義人民共和國」成立，雙邊互不承認。濟州抗暴演變成國家正統的認同戰爭。濟州被貼上「紅色島嶼」「叛亂島嶼」的標籤。濟州事件被定性為「紅色叛變」。

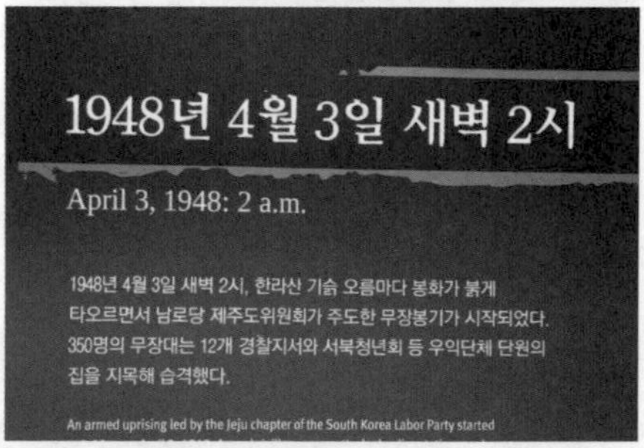


濟州被貼上紅色島嶼的標籤。（上）
四三事件被標記在一九四八年四月三日凌晨兩點爆發。（下）

第一任大韓民國大統領李承晚宣布濟州戒嚴。政府軍南進。全羅道的麗水軍團卻叛變，抗命拒絕出兵，還打敗政府軍，展開北伐。情勢無法挽回，大軍壓境，弭平麗水叛變。濟州被山封海禁。凡靠近海岸和山區的可疑人士，一律格殺勿論。家裏有人不在的被列為「逃避者家屬」，連坐懲罰，甚至「代殺」，代替當游擊隊的家人被政府軍殺。

一九五〇年六月，韓戰爆發。避免南北受敵，濟州被急迫性肅清。政治犯更生人，入山者家屬，被監視的嫌疑人等等都被逮捕殺害。全國和「四三事件」有關的在監受刑人被立即處決。

一九五三年韓戰結束。一九五四年九月濟州漢拿山開放。長達七年七個月的「濟州四三事件」劃上休止符。漢拿山是南韓最高峰，近兩千公尺，在濟州島中央。

真相不白，含冤莫名。南韓政府在二〇〇三年，才認可「濟州四三事件真相調查報告書」。登記有案的受害人高達一萬四千多名。根據事件前後的人口統計資料估算，受害人約兩萬五千到三萬之間。從一九四七年事發起算，長達五十六年，超過半世紀。

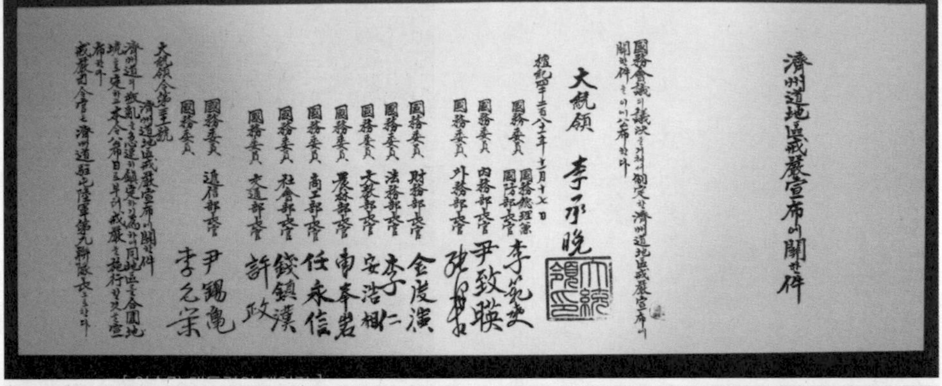

濟州道地區戒嚴宣布에關한件

國務會議의議決을거쳐制定한濟州道地區戒嚴宣布에關한件을이에公布한다

大統領 李承晚

檀紀四千二百八十一年十一月十七日

國務總理兼國防部長官 李範奭
國務委員 內務部長官 尹致暎
國務委員 外務部長官 張澤相
國務委員 財務部長官 金度演
國務委員 法務部長官 李仁
國務委員 文敎部長官 安浩相
國務委員 農林部長官 曺奉岩
國務委員 商工部長官 任永信
國務委員 社會部長官 錢鎭漢
國務委員 交通部長官 許政
國務委員 遞信部長官 尹錫龜
國務委員 李允榮

大統領令第三十一號
濟州道地區戒嚴宣布에關한件
濟州道의叛亂을急速히鎭壓하기爲하여同地區를合圍地境으로定하고本令公布日로부터戒嚴을施行할것을宣布한다
戒嚴司令官은濟州道駐屯陸軍第九聯隊長으로한다

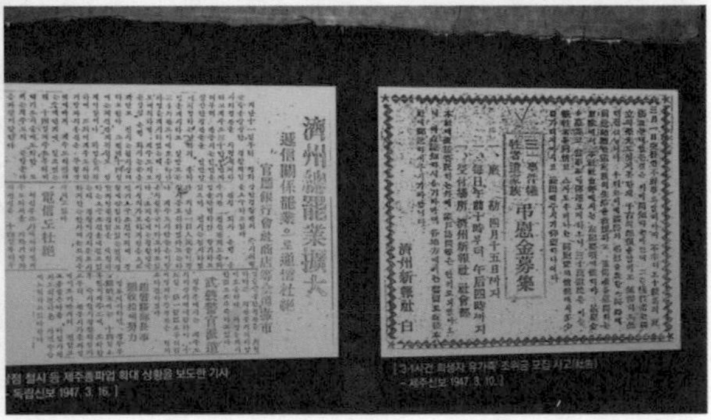

「濟州四三和平紀念館」離濟州市區相當遠。紀念館佔地寬廣，室外立著一面牆，來自德國柏林圍牆。展出資料的說明文字，韓英並列。歷史資料的原件或複製品，漢字常見。

大統領李承晚領銜簽署，國務總理和各部會大臣副署的「濟州道地區戒嚴宣布」相關文件，用漂亮的漢字書寫。「濟州地方檢察廳」的「受刑人名簿」封面是漢字。「濟州新報」報導，標題也是漢字。「濟州總罷業擴大」「官廳銀行會社商店等全道撤市」「通信杜絕」諸如此類。還有美軍參與軍事鎮壓作戰的照片。

大統領李承晚頒佈濟州戒嚴令。（上）
四三事件的濟州新聞。（下右）
館內展出的受刑人名簿。（下左）

—四三和平紀念館。

濟州四三和平紀念館是個「無名紀念館」。不在紀念誰或哪些人，也沒有紀念碑文，而是紀念這個至今還沒被南韓定義的「濟州四三事件」。

「四三事件」是韓國近代史僅次於韓戰的最大內戰和傷痛。如今，美韓政府又要在濟州島上軍事共謀。濟州人新仇舊恨，齊上心頭。

濟州之旅意外想到一個問題。「四三事件」被歸咎到美軍指揮韓國政府。台灣二二八只算到中國國民黨政府和蔣家，美國完全脫鉤。按常識，當時的蔣家政權，如果沒有美國默許或背書，可能這樣蠻幹嗎？

# 06 中國語成新寵

韓亞航空國內班機飛越對馬海峽，降落光州機場，只約三十分鐘。直到看見「光州」兩字，才百分百確定抵達預定的目的地。

機票前一天重返濟州國際機場購買。順道參觀「四三和平紀念館」。光州在韓半島西南方，離濟州只約一百六十公里。機票不是太多錢，應當沒買錯。但沒漢字相佐，就是不安心。萬一買到光州，航空公司小姐賣我到廣州，要不要跳機游回頭？光州和廣州用拼音文字拼差不多。

韓文看起來圈圈框框棒棒，卻是拼音文字，稱諺文。再三和櫃臺小姐確定買的是國內線，是南韓南方的光州，不是中國南方的廣州，才高高興興出機場大廳。即使再四再五確認，還是有點不篤定。旅行南韓一路，跟南韓人說起全州和慶州，說聽兩方總是搞不清楚。

舉個例。二〇一四年南韓發生大海難，釀成國殤。全國震動，總理辭職。一艘南韓渡輪從仁川開往濟州，沈沒在光州西南方，濟州西北方的近海。船上四百七十六人，其中學校旅行的檀園高中二年級生三百二十五名。沈船造成兩百九十五人死亡，九人下落不明。起初很長時間，韓國聯合通信社和中文媒體都稱這條船「歲月號」，包括南韓三大報「中央日報」「朝鮮日報」「東亞日報」中文網。

後來才發現船名不叫歲月號，而是「世越號」，超越塵世的意思。歲月號和世越號的諺文寫法完全一樣。世越號沈船的主因被認定是船艙違規擴充，嚴重超載。海難死傷慘重被歸咎南韓政府救難無能。救難過程中，還發生救援直昇機墜毀在光州市區，還有潛水員昏迷，不治死亡。

國際弔唁，國人狂轟。堅毅形象的南韓總統朴槿惠，出面總低頭，開口就道歉，講著講著淚流滿面。總理鄭烘原辭職。總統提名的兩位繼任總理候選人安大熙和文昌克，先後被舉發不當言行，找不到適當繼任人。鄭烘原只好繼續留任。

媒體拿鐵達尼號和世越號相提並論。鐵達尼號在離陸地遙遠的地方，撞上冰山沈沒，乘客和船員泡在冰冷漆黑的海中，獲救率約三十一%。世越號就沈沒在南韓外海，獲救率竟然只和鐵達尼差不多，約三十六%。南韓是怎樣的落後國家啊？「泡菜斯坦」的譏諷被公然呼喊。

南韓有難，叫斯坦的國家全遭殃。世界上叫斯坦的國家或地區總有二三十個。台灣人比較熟悉的哈薩克，吉爾吉斯，土庫曼，烏茲別克，阿富汗等國家的名稱字尾都有「斯坦」。還有巴基斯坦和巴勒斯坦等。當時，我說給 Catherine 聽。她說：愛因斯坦怎麼這麼倒楣？

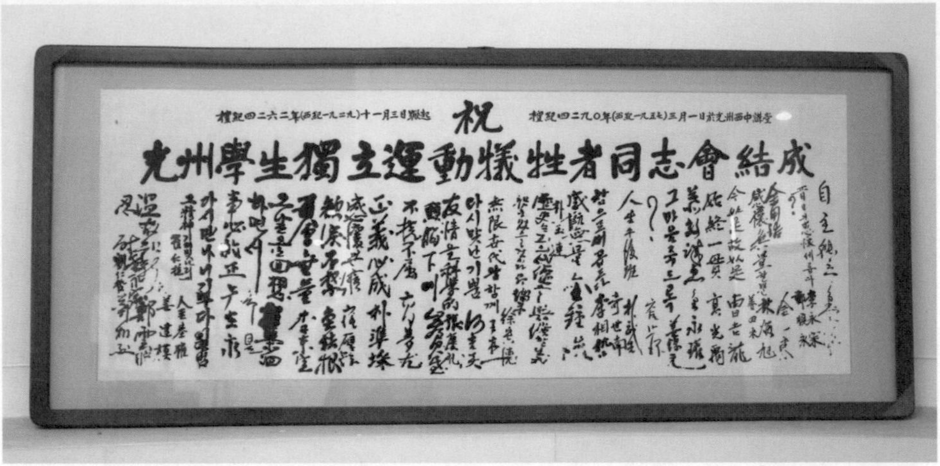


日本統治韓國時期，漢字仍是韓國菁英使用的主要文字。

諺文曾經造成一個大誤會。二〇〇九年初，南韓高速鐵路京釜線二期工程，大邱和釜山間已鋪設完成的枕木，被發現有三百三十二個已經嚴重龜裂。經過追查，原來是施工單位誤解設計圖圖說。規定要放「防水」填充物，看成「放水」。結果，防水設計變成吸水設計。防水和放水的諺文寫法相同。全區近百公里已鋪軌完成的十五萬五千根枕木，全數挖起重鋪。後來，二十位前總理聯名上書總統，建議恢復小學開始教漢字。

就像在「四三和平紀念館」看到的，漢字本是韓國的主要文字。由於奉大明王朝為宗主，儒學立國，因此，韓國統治階層一直漢字掛帥。為讓平民也能使用文字，朝鮮王國的世宗大王開創諺文，是種表音文字。漢諺兩文基本上相安無事，或有爭論，或有互補。

韓國去漢字化的脫漢運動，在日本佔領統治前後才展開體制內的激烈鬥爭。二次世界大戰後，韓國獨立建國，通過「諺文專用法」。規定公文書要用諺文書寫，過渡

（Shutterstock 提供）

—創建諺文的朝鮮世宗大王。

期可在諺文後，用括弧加註漢字。朴正熙總統任上，宣布廢止漢字教育。終不敵輿論抨擊，中學以上漢字教育復活。只是選修，不考試。小學仍禁止教漢字。違規的學校和老師受到懲處，甚至免職。不考試的科目，誰教誰學啊？

南韓的「諺文世代」就在一九八〇年代誕生。除識漢字的老輩外，其他年齡層幾乎都不識漢字。漢字報紙，雜誌，書籍，老師，學者，編輯，記者，作家怎麼活？漢字被安樂死。受漢字教育的老人相繼凋零後，完全不識漢字的南韓世代終於形成。這是一九九〇年代的事。

中國崛起。兩國要用哪種語言交流和做生意呢？金大中發表「漢字復活宣言」，諺文專用派繼續頑抗。金大中總統五年任滿，漢字雖復活，卻奄奄一息。二〇〇五年，首都市長李

韓國最早的高等教育學校。

明博將「漢城」改為跟英語同音的「首爾」。百年來的脫漢運動樹起新里程碑。中國已成為全球數一數二的大經濟體。二〇一一年，漢字開始納入南韓小學教育。本屬漢字文化圈的南韓，現在學漢字要政府基於就業補助，或自己付費補習。

中國語成為南韓新寵。稱職的中國語教師太少，要教出大量的中國語學生，需要中國代勞。遇過幾位能說點中國語的南韓人，大都說到青島學習。南韓現在的語言環境就是這麼尷尬。

旅韓期間，遇到中國語能完全溝通的，十個有九個是中國吉林人，幾乎都來自延邊。延邊是吉林省朝鮮族自治區，首府延吉市。他們的母語是朝鮮語，國語是中國語。不論是中國語或韓語都很流利。南韓給他們工作簽證，填充舉國空白的中國語市場。

# 07 泡菜人情對味

光州第一個行程，先看「泡菜博物館」。旅館經理說，是民間小博物館，規模很小，沒什麼好看。我說沒關係，對小博物館有興趣。一通電話，計程車很快就到。

「從哪裡來？」司機用英語問我。

「台灣。知道嗎？」

「知道。蔣介石。」

馬上想起當年老伯伯們開的榮民計程車盛況。

濟州的一位司機更天才。

「從哪裡來？」也是用英語。

「台灣。」

「你是美國人嗎？」他問。

「不是，我是台灣人。」

「在台灣的美國人嗎？」

「不是，台灣是台灣，美國是美國，不一樣。」

「台灣不是美國的嗎？」

兩位司機的年紀都和我相仿。當年，中華民國和大韓民國號稱「兄弟之邦」。說玩笑，兩兄弟有個共同的美國爸爸。說實在，是絕對反共的相同立場。哪有這麼不熟的兄弟之邦？韓戰和越戰當年，台灣是美國的軍事整補基地，有美軍和美軍顧問團駐守。或許「台灣不是美國的嗎？」就來自這樣。

比起兒子在英格蘭讀書的兩位南韓同學，兩位歐吉桑司機還算好。後來在首爾遇上，他們跟我說，在認識我兒子前，根本不知道地球上有個國家或地方叫台灣。

泡菜博物館在郊區，大門關起，非營業時間。司機不願意調頭離開，請我等等。東走西跑，打電話後，他告訴我，可以參觀。上到二樓，見個男子正蹲在地上，打開鎖。看來司機找到警衛。

燈打開。司機提醒我只能十分鐘。博物館天花板流曳出蘋果綠光，圖板都用橘色底。透明玻璃內躺著一棵半人長的大白菜。淺綠色菜身，局部白色線狀，豐滿漂亮。還有泡菜模型，有蘿蔔，大白菜等，呈現浸泡過的混濁顏色。門內外擺著製作泡菜用的陶甕和

—泡菜博物館內。

계절마다 맛과 향이 달라요
김치의 사계절
Four seasons of Kimchi
입맛 돋
Spring Kim
만들려면 우선 배추를 소금에 절여야 합니다.
반으로 쪼개어 「소금물(농도 10%)을 풀어 적신 후 소금을 줄기 사이사이에 뿌리면
원리에 따라 배추 속 물이 밖으로 빠져 나오게 되는데.

泡菜博物館內。（上）　泡菜博物館內的泡菜桶。（下）

木桶。說博物館嫌簡單。用開放式觀光泡菜工廠的格局看，小而美，製作泡菜都能搞出不錯的文創。

原來，泡菜的歷史很短。七百多年前稱「沈菜」。四百五十年前稱「沁菜」。兩三百年前稱「浸菜」。一百多年前才開始稱泡菜。聯俄制日，被日本引亂兵刺殺身亡的明成皇后，到底是吃浸菜還是泡菜？簡介上還說，泡菜是「韓國人飯桌上必不可少的最高食品」。連泡菜都可說成最高食品，果然厲害。

感謝司機和警衛的泡菜人情。再看「美容博物館」。旅館經理也阻止過我，說不值得看。到附近，司機找不到。我清楚看到漢字路標，引導司機到達。門關著，外觀看來像

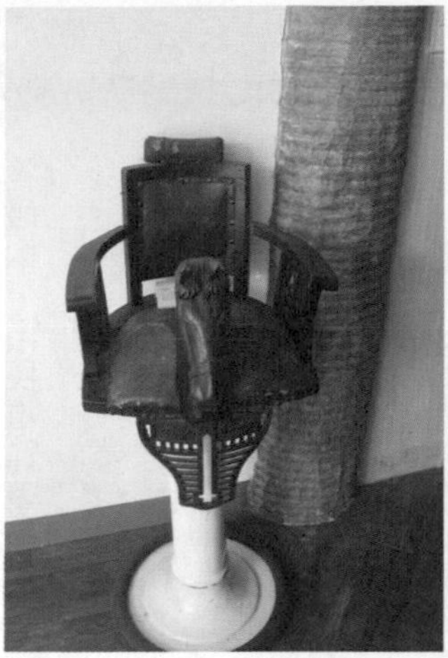

美容博物館。（右）
美容博物館的孩童理髮椅。（左）

間透天厝的美容院。他再度展現泡菜熱情，電話打幾通。十來分鐘後，有個三十來歲的年輕女性開輛小車來。

一樓是美容院。二樓是美容教學教室。三樓是美髮用具展示，有幾十種各種年代和式樣的髮夾和髮簪，椅子和剪髮器具。室內立著幾個人體高，穿著古韓服的模特兒，戴著各種編織華麗的假髮。四樓是交誼廳和茶道花藝課堂。都是免費參觀，美容院營業時間開放。小姐招待喝茶，還請我選幾頂假髮戴，幫我拍照。

南韓文化帶動經濟，經濟促進文化的戰略，看來落實得很普遍。文創不是新產業，是任何產業都可以的加值。台灣的文創有搞成新產業的孤立傾向。光州第一天看的兩個博物館，嚴格說騙很大。但落實到中小企業，挺喜歡。

初來剛到，泡菜熱情深感對味。不過，「五一八」才是光州真正的嗆辣。明天見。

# 08
# 518事件

光州五一八事件和台灣美麗島事件，發生時間相隔半年，導因卻只差兩天。

「獻給您的進行曲」這首「光州之歌」，聽過幾十遍，總是熱淚盈眶。光州在十日圍城中，市民軍靠著石塊，鐵棍，汽油彈和搶來的步槍，和戒嚴軍抗戰。明知不可為，仍視死如歸。受難者共四千四百九十三人。其中，一百六十五人陣亡，六十六人失蹤。被捕和受傷的四千兩百六十二人。這是光州「國立518民主墓地」展出的數據。

「光州之歌」在網路上有歌詞翻譯。

愛　榮耀　聲名　什麼都沒留下
一輩子所堅持的
就像熱血般的誓盟
歲月雖然會流逝
山川卻會知道
醒來時的吶喊

有如沸血的嘶吼
我將一往直前
還活著的人　就跟著前進吧

同志已經犧牲
只留下旗幟在飄揚
直到新社會到來
我們不要動搖

歲月雖然會流逝
山川卻會知道
醒來時的吶喊
有如沸血的嘶吼
我將一往直前
還活著的人　就跟著前進吧

光州事件是南韓終結獨裁者的最後一戰。南韓獨立建國後，歷經李承晚，朴正熙和全斗煥三位獨裁者。第一任總統李承晚連三任，十二年。第五任總統朴正熙連五任，十八年。第十一任和十二任總統全斗煥，近八年。總計約三十八年。

光州事件是在全斗煥任內發生。全斗煥和朴正熙一樣，都靠發動政變，奪權當總統。一九七九年十二月十二日，就是台灣美麗島事件後兩天，全斗煥發動「雙十二政變」，奪取大位。南韓反獨裁，反戒嚴，要民主的全國示威抗爭越演越烈，怒火延燒長達半年。為鎮壓激烈的群眾運動，一九八〇年五月十七日，全斗煥擴大全國戒嚴。反對黨領袖金大中和金泳三被捕。所有的政治活動被禁止。禁止批評國家領導人。國會停議。大學封閉。光州抗命不從，繼續示威。五一八就這樣開場。

五月十八日，陸軍第七空降旅拂曉出擊，在光州全南大學和學生衝突。朝鮮大學和第一高中前也發生軍民對抗。接連幾天，死傷連連。市民目睹慘劇，紛紛加入。雙方大量增援。南韓政府派出三個空降旅共十營的特種部隊，和一個師三個團，總計萬名兵力。封鎖光州，禁止男子進出，圍城鎮壓作戰開始。事件被媒體全面封鎖。光州成孤島。

沒有外援的光州市民，十萬人，二十萬人，三十萬人一波波投入街頭。巴士和計程車作為衝破戒嚴軍防線的民間坦克。靠著鐵棍，汽油彈和搶來的武器，市民軍和戒嚴軍對戰。傘兵自空而降，未落地先掃射。戒嚴軍屠殺市民不分男女老幼，小孩孕婦。市民軍一度奪佔全羅南道道廳。

紀錄片上，市民軍拿步槍，站在吉普車，卡車，大小巴士上奔馳。民主墓地的「五一八追思館」內，正播放著殘酷的鎮壓作戰畫面。軍用吉普車旁，武裝戒嚴軍槍口對著趴下

追思館內播放紀錄片。
槍口下的倖存者。（上） 同志已經犧牲。（下）

的，或死或傷的青年。有的青年被戒嚴軍雙手反綁，押推著往前走。有些槍口下的青年低頭跪在地上，等待發落。兩個戒嚴軍一人拉一隻腳，拖著年輕死屍。年輕屍體或趴或仰。有的清楚可見胸前中槍，鮮血染紅白衣。屍堆旁一位俯趴著的倖存者微抬頭，露出驚恐又伺機而動的眼神。「還活著的人，就跟著前進吧。」

五月二十六日，坦克進城。一位青年站上坦克揮舞國旗，高喊光州萬歲。下場是被射殺。光州「民主民眾抗爭領導部」疏散市民，只留下抗爭領導部的二百多人死守。五月二十七日，戒嚴軍開始驅離解散作戰。五月二十八日，全面掃蕩。幾千市民被捕。民主派領袖金大中被速審速決，判處死刑。光州事件被定性為「親共主義者主導的內亂事件」。

白色恐怖進行。死難者家屬被監視軟禁。光州事件被禁止播出和出版。民主人士被毆

市民軍抗暴意象雕塑。

打。「同志已經犧牲，只留下旗幟在飄揚。直到新社會到來，我們不要動搖。」受難家屬組成「家族會」，「遺族會」，「同志會」等。每年五一八紀念日就在政府嚴密監視下，追悼紀念，被捕。年復一年，參加追悼的人越來越多，訴求查明真相，懲處鎮壓的相關人員，賠償受害者等。期間有學生和工人自焚。

「歲月雖然會流逝，山川卻會知道。醒來時的吶喊，有如沸血的嘶吼。」一九八七年六月，光州事件經過七年，全斗煥已經連兩任總統。南韓爆發百萬群眾全國抗爭。「六月民主運動」最後一擊，總算終結長達近四十年的獨裁統治，南韓「第六共和」誕生。

韓台兩國的獨裁統治大約同時結束。蔣經國一九八八年一月十三日駕崩。全斗煥在六月民主運動中，被逼得宣示不再競選連任。一九八八年二月二十四日任滿離職。兩蔣都是自然死亡。南韓的獨裁者都下場悽慘。

李承晚被全國示威抗爭的「四一九革命」趕下台，流亡美國夏威夷。朴正熙軍事政變奪權，十八年後被南韓中央情報部部長暗殺身亡。全斗煥和他的繼任者盧泰愚，兩位前總統都在卸任後，因鎮壓光州事件，被起訴軍隊叛亂罪，內亂罪，和內亂目的殺人罪。全斗煥被依首惡判處無期徒刑，盧泰愚被依主要執行者判刑十七年。一九九七年，光州「五一八民主墓地」完工，五一八被定為國家紀念日。

台灣民主天賜得多，南韓民主是年輕人用命用鮮血打出來的。

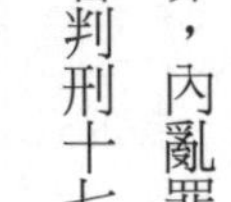

# 09 幸福的台灣政府

光州事件中被判處死刑的金大中，後來在美國干預下，改判二十年有期徒刑，放逐美國。一九八五年，重返南韓。一九九八年，當選第一位出自在野黨的南韓總統。一九九九年，五一八受難者被追封為民主有功人員，禮遇法律在二〇〇二年制定完成。光州五一八民主墓地升格為「國立」，成為國家公墓。

光州五一八市內巴士。

金大中在二〇〇三年，五年任滿卸任。全斗煥下台後，南韓憲法修改為總統一任五年，不得連任。這是南韓「第六共和憲法」的最大特點。另一特點是，無黨籍人士想參選總統，只要幾千人連署就行。南韓現代化民主不早於台灣，但根據國家歷史經驗，對症下藥，永絕後患的決心，強力展現。台灣憲法卻還是百年前的舊中國體態。光論憲法的適應性，台灣已經落後南韓三十年。

光州被全羅南道環繞，是區域中心。全羅南道是個長期被忽略的偏遠窮鄉，儼然是「國中之國」。金大中就是全羅南道最具代表性的政治領袖。他五年總統任內，正逢一九九七年亞洲金融風暴後，南韓幣值狂貶，經濟受到重擊。他改革經濟體制，帶領南韓從谷底一路向上攀升。兩千年破冰之旅，親赴平壤和金正日雙邊會談。南韓和中日兩國關係也獲得改善。獲得諾貝爾和平獎。二〇〇九年金大中去世，朝野一致高度評價，以國葬表示對他的敬仰。

光州有條「五一八」市內巴士路線。從尚武站開出，經五一八自由公園，五一八紀念文化中心，全南大學，到國立五一八民主墓地，總共二十站。去頭去尾正好十八站。墓地座落在光州東北邊的郊區邊緣，是光州事件紀念總集成的地方。

這個國家紀念公墓，埋葬和紀念有姓有名的人，不知姓名的犧牲者葬在無名塚。全區視野清爽開闊，走進園區，看不到墓地。墓地在紀念碑後的小土坡，想參觀的人只要爬幾個台階，墓地就盡在眼裡。規劃設計讓對墳墓有所忌諱，和要墓前憑弔的人都能兩相宜。也讓墓地區較為寧靜安息。

聽著太陽花的「島嶼天光」，一樣讓人熱淚盈眶。

親愛的媽媽　請你毋通煩惱我
原諒我　行袂開跤　我欲去對抗袂當原諒的人
歹勢啦　愛人啊　袂當陪你去看電影
原諒我　行袂開跤　我欲去對抗欺負咱的人

訓練有素的男女混合鼓隊。（上）

警察跑步移防。（下）

已經袂記哩　是第幾工　請毋通煩惱我
因為阮知影　無行過寒冬　袂有花開的彼一工
天色漸漸光　天色漸漸光
已經是更加勇敢的人

天色漸漸光　咱就大聲來唱著歌
一直到希望的光線　照著島嶼每一個人
天色漸漸光　咱就大聲來唱著歌
日頭一趆上山　就會使轉去啦

島嶼天光和獻給你的進行曲是這樣的不同。歲月流逝，南韓的抗爭規格依然可觀。鎮暴警察出動的是裝甲警車和裝甲消防車。即便是非抗爭的遊行，幾百人的鼓隊前導開路，一路咚咚的鼓聲震撼人心。我將一往直前，警力再多，也無法全線一路部署。拿盾牌的警察只好跟著隊伍，跑步向前移防。看來，台灣人遠比南韓人幸福。抗爭時還惦念著媽媽和愛人，想著很快就能回家。

MV中，白衣的醫生和護士設救護站，物資一車車，一箱箱湧入到不得不拒收的程度。兒童額頭綁著黃色小布條，像參加園遊會或夏令營。幸福的台灣政府。

# 10 被模糊的台灣

光州事件後，南韓反美情緒再起。南韓人和台灣人的美國情感不同。光州事件和濟州四三事件，都被認為是美國默許，授意，甚至直接下令。濟州四三事件在南韓的美國軍政時期。軍事鎮壓由美國下令是體制的必然。光州事件南韓已經由自己的政府統治，但美韓軍事同盟，南韓軍隊的最高指揮權讓渡給美國。如果美國沒有同意，全斗煥何能調動軍隊鎮壓？南韓的反美情緒在經過光州事件更強烈。

南韓和愛爾蘭一樣，統一才是獨立。愛爾蘭儘管獨立近百年，但和北愛統一才是愛爾蘭島完全脫離大英，獨立完整。類似地，只有兩韓統一，韓半島不再受美中俄日操控，才是韓國的真正獨立。

南北韓從一九四八年分立，一半島兩國家，至今快七十年。兩韓分裂最符合美中日三國利益。一旦南北統一，東北亞將出現一個人口約八千萬的核武大國。光論經濟體的人口規模，德國八千多萬，法國約六千七百萬，英國約五千八百萬。北韓貧窮落後，一時不能添注太大的經濟量體，但若經民主改革，統一後的韓國，若治國有方，或可成為全球強權。不過反對兩韓統一的南韓人也非常多。

兩韓分裂，北韓需中國外交撐腰，南韓需美國軍事保護和經濟加持。如果兩韓統一，

—光州事件紀念雕塑。

局面逆轉，中美兩國都需要拉攏韓國。基於歷史情結，日本將最先飽受威脅。當中韓締結軍事同盟，日本就形勢險峻。馬關條約和韓戰都深深影響台灣。南北韓統一，台灣的地位可能將更陷入不利。

台灣維持現狀就和南北韓分裂一樣，最符合美國利益。中國需看美國臉色，台灣讓美國軍事，經濟和外交三邊勒索。台灣只有具備獨立的國際人格，才能在中美兩個強權中，取得較合宜的平衡。想像當韓國統一，或不統一，但中韓同盟，台灣維持現狀會面臨哪種局面？被迫向中國全面傾斜，恐怕將難以避免。

美國的亞太再平衡，必須解決的基本面之一是台灣的國際地位。台灣的國際人格確立，不跟中國搞曖昧，亞太再平衡才能在西太平洋定錨。台灣的執政者沒有動態平衡的長遠戰略眼光，還在維持現狀，偏安苟活，只能說是七月半鴨，不知死。台灣國際人格的確保，必須在未來快則十年，慢則二十年中完成。否則，留給子孫的將是等待著被出賣的台灣。

兩千年，金大中總統親赴平壤，展開南北高峰會談。二〇〇一年美國發生九一一恐怖攻擊事件。小布希總統把北韓，伊朗和伊拉克三國，列為全球邪惡軸心。北韓被視為戰略敵國。美韓軍事同盟下，南北韓和解立刻中斷。

美國對南韓和台灣的外交策略看似不同，卻不可能出自兩套不同的外交邏輯。二二八事件，美國在台灣和在南韓的身份地位儘管不同，但支持國民政府軍事鎮壓的態度，沒有理由和在韓國軍事鎮壓紅色叛變不類似。美麗島

— 光州有多個五一八紀念公園。

事件美國也是當事後調人。美國行政體系講的是實際利益，支持一個聽得懂美國話的獨裁政府，向來是美國的最佳選擇。發聲營救台灣政治犯的都是美國國會議員。

美國外交政策下，不希望台灣的中國國民黨獨裁過度，激起革命，也不樂見本土勢力打趴中國國民黨。這才能讓朝野雙邊都對美國倚賴，言聽計從。時局更迭，老人去，新生代起。台灣人的中國認同已經降低到個位數的百分比，台灣認同對中國認同已經具壓倒性。美國弄狗相咬的兩手策略，一被台灣人識破，台灣人的美國情感將會大不同。美國帶頭傾中，世界跟著走入中國。美國戰略性模糊，最被模糊的是台灣的國際面目。

搭上長途巴士，離開光州，北上全州。旅館經理特別交代，巴士站有兩個，一個是最遠只到全羅南道境內的巴士，一個是出道的長途巴士，稱為高速巴士，不要去錯地方。請他寫下高速巴士站的諺文，把便條紙交給計程車司機。

光州血淚，惠我良多。

（Shutterstock 提供）

## 第二篇

# 南韓進行式

南韓的文創產業策略是歐美三 S 翻版。Screen 銀幕和螢光幕，電影和電視。

Sport 運動和遊戲。Sightseeing 觀光。再加上 Shopping 購物，就是四 S。策略領航。

地域主義和團夥主義在南韓非常強烈。

慶尚道看全羅道不爽，說起他們就是暴動和叛亂，甚至直接戴紅帽，稱「紅魚」。

全羅道稱慶尚道是「倭寇的子孫」。

# 11 韓屋村 館海戰術

高速巴士載我到全州，行程約一個半小時。全羅道就是由全州和羅州合名。羅州緊鄰光州南邊，屬全羅南道。全州市是全羅北道道廳所在地。

全州韓屋村是南韓最大的韓屋聚落，號稱韓屋七百多棟。平房蓋上灰黑屋瓦，木質，磚塊和水泥混搭成牆體，譜出韓屋調子。新建的看來居多，屬於古蹟保存的極少。地處寒帶，夏熱冬寒。冬天零下，得有炕床。小小的韓屋民宿房間，鋪床雙人被，牆邊擺行李，電腦放矮几。只剩出入空間。地板就是床，滿室皆炕。衛浴設備在外，所有房客共享。

全村規劃呈梯形，縱橫各有六七條主街，巷弄穿折。地圖上還用粗粉紅虛線，畫出參觀主動線。四條直和一條橫，不知從何看起。旅遊諮詢中心有四個，各據一方，顯見用心。

一韓屋村街道明亮 水溝乾淨。

景點百個。工房，刺繡博物館，相機博物館，崔明姬文學館，書法館，儒林會館，東學革命紀念館，黑白照片研究室，古典翻譯教育院等。名稱有「文化」兩字的約十處：扇子文化館，全州傳統文化館，韓方文化中心等。和韓紙有關的也約十處，韓紙，韓紙設計，韓紙服裝等。再一次被館海戰術打敗。只有兩天，簡單瀏覽。有些虛張聲勢，大都是一家店鋪或工房，取個「有文化」的名字。

街道乾淨明亮。商住合一，居民旅客混居。早上可見父母送兒童上學。午後樹蔭下有老人圍聚看下象棋。南韓棋盤特別衝，一樣有十條橫線，但沒有台式棋盤的楚河漢界。棋風就是一連串快殺猛攻。棋境是殺殺殺，你死我活，誰也不要躲。

水溝全用水泥新砌，輕微弧度蜿蜒。溝水清淺流過，時而遇上拿長掃把，穿防水上衣和雨靴的婦人在清洗。塑膠掃把掃水溝，茅草掃把掃街道。久不久總會遇上灰色長矮牆，韓屋頂裝飾，襯在綠蔭下。有些民居長牆顏色搶眼，例如鵝黃。有的在白牆畫上幾棵綠樹。新舊式樣的房屋和顏色交錯其間，古味新意。

韓屋村一體規劃，開闢新區。賣家在中，民居在外。從容走完全區街道，開放處進去看看，買些，喝些，吃點，在店內或樹下小歇，足夠走上一整天。公共建築和較精彩的店面都想細看，兩天比較合宜。台灣是就地解決。通常是老街一條，一兩小時就可以說再見。旅遊景點的規模小，難留人。隱約覺得台韓兩國政府都搞極端，一個做小，一

個做大。台灣政府是沒作為，南韓政府是說幹就幹，膽大妄為。兩國政府文化適合交流，改良政府品種。

鎮村三大古蹟是慶基殿，全州鄉校和殿洞聖堂。慶基殿四百年，供奉朝鮮王朝開基祖李成桂。全州是李成桂的故鄉。門票一千韓圓。慢慢走，入內轉一圈約二十分鐘。西元一三九二年，李成桂軍事政變，奪取大位。明太祖朱元璋御賜「朝鮮」國名。李氏朝鮮國脈綿長，到一九一〇年，日本併吞大韓帝國，朝鮮王朝終結。算一算，五一八。祖傳政變，後繼多人。

殿洞聖堂是天主教教堂，百年古蹟。隔著村中主幹道，和慶基殿對望。全州鄉校在另一邊，當年全州最高學府，也是四百年古蹟。供奉儒學者，包括孔子。

「崔明姬文學館」建築雅緻活潑，喜歡。但沒讀過她的作品，不感親切。就這樣，獨自在村中逛逛。村落夠大，適合散步。散啊散，又經過六百年銀杏樹。這樹我看過至少十次。樹葉翠

牆面搶眼。（右）
古味綠意。（左）

綠，樹幹矮粗，樹後一家橫面寬的單層茶樓。傍晚時分亮燈後，滿屋橙黃，散出溫暖。樹下一顆大石刻著「全州崔氏宗垈」。上網查字典，垈是家基，家地的意思。沒想到在南韓學國文。

銀杏樹的斜前方是「東學革命紀念館」。東學教和東學農民起義，創教和領導抗暴的都是崔家人，隔街對應。紀念館在樓上，是個漢字世界。舊韓菁英身穿白衣，頭戴黑色韓帽，圍聚講學議事。幾人戴黃褐色斗笠，編織質感很好。起義寫意圖上，眾人挺立，白衣白褲，有頭頂黑帽，有額綁白布條。色旗在眾人身後飛揚。

屏風字軸都是漢字。開卷首句

—全州崔氏宗垈和六百年銀杏樹。

「人是天事人如天」，看三遍才懂。「人是天，事人如天。」東學思想先進，難怪能吸引被壓迫的農民。

南韓的文創產業策略並非自創，只是歐美的三S翻版。Screen銀幕和螢光幕，電影和電視。Sport運動和遊戲。Sightseeing觀光。再加上Shopping購物，就是四S。任人組合，策略領航。南韓部會重整，文化和體育整合為文化體育部，統籌事權，發揮戰力。

台灣特喜升格，不喜整併。升格是職位升級，職缺和預算增多。喜上眉宇，甜在心頭。整併是首長減半，主管去肥，組織瘦身。還要移位搬風，好不習慣。體育升署，仍屬教育部。好像運動只是學生的事。觀光局還在交通部，觀光原來還屬於通訊和人貨運輸。想著有點傻。

有些餓。韓食處處卻提不起勁吃。南韓一周，濟州旅館的池畔晚餐還可，性價比太低。館內日本料理差強人意。光州的第一個晚餐吃燒肉。第二個晚餐看不懂菜單，又無法溝通。自以為地點菜，送上大盤生吃的攪碎生牛肉。想起生肉攪碎，還沒灌香腸的樣子。吃完幾碟泡菜，主菜原封不動。南韓食物比較適合年輕旅客。

總是要吃。早吃晚吃都要吃，趕快去吃。一家主打全州拌飯的館子，門面鮮亮。全套拌飯照片貼在牆上。宣傳說：「沒吃過全州拌飯就等於沒到全州。」明知沒到全州，對

—全州拌飯。全套。

我的人生不會有任何影響。但照片看來食物清淡。

進店點一套。上菜。桌面九小碟：兩碟紅色泡菜，一碟污濁色醬菜，一小碟馬鈴薯沙拉，一碟兩片白蘿蔔配片小黃瓜，一碟節瓜，一碟小塊的黃色豆腐蛋配生菜，一小盤綠韭菜煎蛋，一小碗水裝著幾許豆芽。場面素雅。

主菜後上。一個熱石鍋，鍋中有牛肉，胡蘿蔔，小黃瓜，綠色青菜等，中央一個生雞蛋挨個小安鶉蛋。顏色搭配漂亮。擺盤重於切工，切工重於烹調。

石鍋內的食物自己拌一拌。透過燒得幾百度高溫的石鍋把生食熱熟。全州拌飯和一般石鍋拌飯，差別在桌面模仿日本懷石料理式的眾小碟。吃幾口，配兩碟泡菜，一小塊雞蛋豆腐。起身。拌飯有緣，緣薄情淺。這下算到過全州了吧？終於瞭解旅遊頻道美食節目主持人安東尼波登，吃過全州拌飯後的表情意思：不予置評。

# 12 韓劇的夢幻效應

全州也是韓劇的攝製重鎮，有兩家製片廠，每年還舉辦國際電影節。韓劇我只看過裴勇俊和宋慧教主演的「情定大飯店」。宋慧喬是誤譯諺文。經過「情定大飯店」的精彩洗禮，韓劇就此和我別過。但有關韓劇的劇情介紹和討論，看過不少。

最喜歡一位美國普林斯頓大學經濟學教授雷恩哈德 Reinhardt 談韓劇。重點不在有什麼獨到見解，而是他詼諧的嘲諷功夫一流。比如他說，透過韓劇，他曉得韓國媳婦煮飯和做泡菜絕對不能比婆婆做的好吃。韓劇開頭一定是帥哥美女相愛，被父母阻止，最後突破萬難，有情人終成眷屬。故事到多少集會出現轉折，他有統計數字。時裝劇中的韓國人沒事就愛跑醫院。他也發揮經濟學專長，說根據他所知，韓國的醫院很貴，很多都不在保險範圍，需要自費，哪可能常去呢？他的妙文在網路上瘋傳。

三四十年前的港台電視劇和電影就是這類。武俠片絕對是民族主義。李小龍既出，萬洋莫敵。談情說愛片最終就會打破門戶之見。富家女愛上窮小子，女大學生胸前抱幾本書，走路跌倒或被撞倒，書掉一地。總之，愛情的火苗就需要撞一下，才會燃燒。

無論劇情如何精彩或瞎掰，場景何等美麗又浪漫。韓劇的核心思想和情感，和三十年前的台灣電視劇以及國片港片，大抵類似水平。韓劇能在二十一世紀形成全民運動，可能正反映南韓社會水平，大概落後台灣這麼久。

首爾大學一位姜明求副教授，發表一份在北京所做的調查研究論文。結論指出，高學歷又高收入的中國觀眾，喜歡看美劇和一些日劇。低學歷和低收入的中國觀眾，愛看韓劇。論文分析，美劇理性有趣，韓劇感性，缺乏邏輯。

行銷才是韓劇的亮點。拍攝取景和觀光結合。產品在劇中置入，再由紅星代言。

韓星難免「你臉中有我，我臉中有你」。台港武俠片和文藝片時代的明星造型相對多元和個性化。

韓劇不像台港劇單體行銷，是透過影視，觀光和購物三大S策略的產物。整合行銷下，成為觀光事業甚至是產業火車頭。行銷四部曲是，讓人迷韓劇時，愛上韓星。再讓人想用韓星使用和代言的產品。三讓人愛上都是俊男美

一韓屋頂的電話亭。

女，充滿故事的韓國。四讓您親自到韓國觀光購物。

最容易理解的是，韓星個個皮膚美白水嫩，中國韓劇迷們就想有膚者亦若是。就這樣上海的韓妝專賣店，風靡全中國。南韓美粧霸主愛茉莉太平洋的總銷售額，南韓只佔二十%，中國獨佔六十%，其他二十%分散全球。韓劇威力由此可知。

—全州市政府前草坪，抗議者搭帳棚長期抗爭。

南韓電影產業曾經嚴重衰退到崩盤程度。一九八〇年代，祭出保護主義。相繼限制外片配額。立法規定國片每年最低的放映總天數，不得少於一百四十六天。直到二〇〇六年，美韓自由貿易談判後，南韓只好拆除貿易壁壘。不管影視從業人員如何示威抗議，南韓還是不得不將國片放映總天數的保障，減半為七十三天。

從這樣的數字觀察，台韓兩國都是明顯的文化弱勢國，文化嚴重入超。台韓其實都無力供應本國所需的文化性消費質量。韓劇的一面一時風光，和總體文化產業相較，就像當年台灣片風行東南亞和全球華人世界，但國內主流市場還是美國影片和影集的天下。只是現在因為中國收視人口龐大，才顯得韓流聲勢浩大。「韓流」不是好稱呼，水往低處流。

韓劇在南韓競爭早已白熱化。電視台個個加入戰場。天價搶紅星，出外景越出越出奇。收視率被瓜分，韓劇成為賠錢貨。電視劇是收視率掛帥，舉世皆然。廣告主根據收視率追加或抽掉廣告。收視率高，集數延長，趕劇本。收視率低，乾脆腰斬。受廣告主青睞的演員加戲，不聽話的演員編個給他或她死的事件。有些電視台已經玩不起韓劇，回到購買海外影片和影集，省事又省錢。

旅行南韓期間，晚上偶而轉轉電視頻道。球賽轉播和重播最多，外國影片和影集也是大宗。韓劇掀起南韓的追美之風。美麗場景，俊男美女，跟著明星整型。只是，南韓國民不知是否真的充滿美麗和幸福？

想起 Catherine。她對韓劇只有一句評價：

「韓劇寫成書會是什麼樣子？能看嗎？」

# 13 南韓現在進行式

離別全羅，北上大田。旅行一周來，有些心情，暫存心中。全州到大田的長途巴士約八十分鐘。

大田顧名思義，過去望去都是田野。如今大田已脫離忠清南道，獨立成為廣域市，更是南韓的研發心臟。大學和專業研究院所，相加近百家，氣勢壯盛。韓國科學技術院KAIST，標準科學研究院，基礎科學支援研究院，機械研究所，化學研究所，能源技術研究院，核融合研究所，航空航天研究院等。韓國科學技術院是一所大學。

二十一世紀，南韓奮力爭取全球大學排名，和科技研發投資占GDP的比重。兩者都取得亮眼的成績。QS「亞洲五十大學排名」，二〇一四年，南韓進榜的大學共九所：韓國科學技術學院排名第二，首爾大學第四，浦項工科大學第九，延世大學十六，成均館大學十七，高麗大學十八。

日本被拋在後面。東京大學排名第十，京都大學十二，大阪大學十三，都在三所南韓名校之後。台灣的知名大學被打成宛如「三軍大學」。台灣最高學府，台灣大學排名

一韓國科學技術院大門。

二十一，落在南韓六所大學後面。

然而，同樣二〇一四QS亞洲五十大學排名，和「世界五十大學排名」，卻出現自相矛盾。世界五十大學中，南韓只有首爾大學上榜，和東京大學並列三十一。日本進榜的還有京都大學，排名三十六。南韓在亞洲五十大學，橫掃亞洲的局面雲消霧散。

參考二〇一四另外兩個世界大學排名，QS大學排名明顯有揚韓抑日的排名結果。「世界大學學術排名」（Academic Ranking of World University），東京大學二十一，京都大學二十六。南韓沒有大學進入前五十。

「泰晤士高等教育世界大學排名」（Times Higher Education World University Rankings），東京大學二十三，亞洲最優。中國北京大學四十八。中國清華大學四十九。南韓首爾大學五十。

ＱＳ本來和泰晤士高等教育合作世界大學排名。後來拆夥，改和南韓「朝鮮日報」合作。揭露這個身世之謎，終於讓許多人會心一笑，恍然大悟。

南韓大學學術排名上升的同時，發生一件震驚南韓和全球的學術詐騙。南韓「最高科學家」黃禹錫博士，從「民族英雄」變成「南韓國恥」。黃禹錫時任首爾大學獸醫系教授，就出生在忠清南道。二〇〇五年，他宣佈發明複製狗，被視為全球當年最震驚的發明。南韓舉國瘋狂，民族自信暴漲。他被封為國家「最高科學家」，政府為他量身訂造法律，各種頭銜和禮遇集於一身。

沒想到，一切都是假。黃禹錫的論文被揭發純屬偽造。他終於認罪。被判刑一年六個月，緩刑兩年。同情者說，造假沒有受害人，頂多就只是根本沒發生這回事，有那麼嚴重嗎？批判者認為，判決反映南韓社會。造假不是只有黃禹錫一個人在做，他只是造假得太超過。南韓社會的價值觀，金錢遠比榮譽重要。金錢才是榮譽的最後歸宿。追求排名的目的就是商業考量。

黃禹錫剛被取消「最高科學家」頭銜時，我參加訪問團參訪南韓。有人問計畫主持人有關抄襲和盜印問題。他說：在南韓，抄襲和盜印已經少很多，但只要抄襲和盜印外國作品，大家當作沒看見。盜印韓國人作品，絕對不允許。

南韓研發投資大幅攀升，傲視全球。這是個怪現象。一個熱愛抄襲的國家，怎麼會投入大量研發經費呢？一九九九年，南韓的研發投資，以購買力平價計算，佔ＰＰＰ二・

四七%，落後台灣的二．六%，和日本的二．九三%。二〇一四年，南韓竟然高達四．四%。日本只有三．四%，台灣三．一%，德國三%，美國二．八%。南韓數據的可信度是真的，或只是行銷術，難以得知。

南韓研發經費大增，世界科技排名向前躍進。二〇一四年，全球創新指數GII Global Innovation Index排名，美國第六，愛爾蘭十一，德國十三，挪威十四，南韓十六，日本二十一。瑞士連四年第一。

不過，同年的亞洲開發銀行「創造生產力指數CPI Creative Productivity Index」中，日本第一，芬蘭第二，南韓第三，美國第四，台灣第五，中國香港第七，新加坡第十，中國十一。美國和小國芬蘭納入亞洲排名，只是要做全球性比較。

研發是長期工程，快不來。研發要快，快莫快於抄襲和挖角。這是南韓最具國際能見度的一部份。蘋果在世界四大洲，對三星提起一連串侵權訴訟。專利官司需要很多年才會終審。手機和平板電腦的生命週期，都遠低於官司終審所需時間。就算輸掉官司，產品被禁售，似乎不影響銷路。

截至目前，三星被判決侵權，需賠償蘋果九億多美元。美國國際貿易委員會ITC，對三星多款智慧型手機和平板電腦，下達在美國的禁售令。歐巴馬總統支持這項裁決。

二〇一四年第一季，三星營業衰退九．四%，連兩季衰退。第二季手機業務衰退八．九%，市佔率下降七．一%。第三季全面慘敗。營收年減二十%，營利年減約六十%，手機部門衰退達七十四%。股價重挫，市值蒸發三百億美元。

二〇一四年，三星在中國市場的手機市佔率冠軍，在七月讓出，八月下滑增速。已被小米，聯想和華為超越。二〇一四年全球手機大爆發，創下銷售十八億台的歷史紀錄。前五大品牌都銷售上升，只有三星墜落。

三星的競爭法寶有三：低價策略，破壞性價格搶單和惡性挖角。手機比同等級手機便宜。破壞性價格搶單，讓競爭對手活不下去。重金挖角獲取競爭對手的研發經驗和成敗關鍵。遭遇蘋果強大的侵權訴訟，以及高價手機和中國低價手機夾殺，二〇一五年的三星，形勢險惡。大學排名，研發排名，科技排名，或真或假，僅供參考。三星裁員和南韓經濟疲軟，是現在進行式。

# 14 甲川水淺　步行渡河

大田之旅，享受平生首次步行渡河，無關輕功。南韓大河錦江發源於全羅，北流經忠清南北道，大田河段稱甲川。

甲川水量低淺，流速緩慢。河面似湖似河。踩著約十公分高的水泥塊，走到河中央。水泥塊有兩排，各約三十個，塊塊有間隔。構成兩條渡河步道，更是超低攔河壩。河水在步道前約三十公尺外，被上百個低平的水泥塊攔阻，將溢未溢，水停在水泥塊群前。河水被逼進僅留的一個窄水道，水流加速，激盪起小白浪。速流的河水奔流進步道，向橫面水道分流。水勢更急，水聲可聞。河水從水泥塊間隔流洩而去，進入下一段似湖似河的平緩河道。整治目標是讓河水在枯水期也不斷流。上游可能建有攔河壩，計算放水量。

ＬＧ大田廠前的小溪整治，顯得更為艱困。溪床擺滿小水泥塊，正中央造出一條人

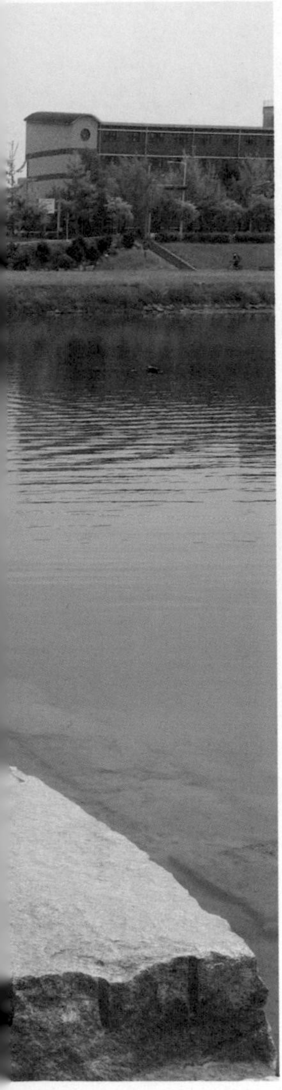

一 踩著矮水泥塊過河。

—小溪床都用水泥塊平鋪，只留下正中央的小水道，集中溪水。

工窄水道，大概不到溪床的十分之一寬。小小的水量被逼入窄水道，流到下一段，不致因分散滲透和蒸發而斷流。小溪宛如正在加護病房中急救，悉心照護中。

甲川河畔全面綠美化。綠色中央鋪上人工跑道，作為雙向腳踏車道。車道標線分明，騎車人交會而過，生氣蓬勃。韓國科學技術院就在河畔。

渡河進市區轉轉。看到一家腳底按摩。大田和全州兩地都各走約十小時。進廠保養。選個七萬韓圓八十分鐘的組合。七萬韓圓約當一千九百元新台幣。台灣腳底按摩除台北市外，均價約是四十分鐘五百到六百。八十分鐘就約一千到一千二。「腳底按摩指數」，南韓物價約是台灣的一．六倍到將近兩倍，和濟州的「計程車指數」差不多。

科學園區的外環道。

按摩師是吉林朝鮮族。

「以前特想去台灣，我父親都說蔣介石好話，說早知道就該讓蔣介石打贏共產黨。」南韓一路怎麼遇到的都是蔣粉絲？

「你要說中國話就到按摩店。按摩師傅都是中國人。韓國人不做這行業。」他說。

「韓國人為什麼不做？」

「韓國人懶，愛面子，認為按摩低賤。」

第二次聽到「韓國人懶」的說法。世越號海難，朴槿惠總統提名的第二位總理繼任人文昌克，曾是南韓最大報系「中央日報」的總編輯。他被揭發曾在公開演講時，發言不當。他認為韓國成為日本殖民地和南北韓分裂，都是天意。

「朝鮮民族的象徵就是懶惰。懶惰，缺乏自

立精神，總給別人添麻煩，這些成為我們民族的DNA。」他堅不道歉，寧可不當總理。

「韓國人和中國人有什麼明顯的不同？」

「中國人有情義，喜歡就可以一起喝酒。韓國人會想，為什麼要跟你喝酒。他們對有利用價值和沒有利用價值的人，態度差很多。」

「韓國人喜歡朝鮮族嗎？」

「不喜歡。朝鮮族愛喝酒，酒一喝就忘事，誤事，不幹事。久了就傳出壞名聲。翻譯要靠朝鮮族，韓國人自己沒辦法。」

「在這邊工作壓力大嗎？」

「壓力很大，客人都是韓國人，韓國人的工作壓力大。五六十歲的韓國人很粗野，脾氣特壞。年輕的韓國人比較好。」

「你會怎麼形容韓國男人？給個最簡單的說法。」

「韓國人好色，估計肯定全世界都曉得。」

「男人好色，也要女人肯吧？」

「女人還能不肯嗎？韓國是男人當家。」他說。

想起一位移民美國二三十年的高中同班同學。他和南韓曾有密切的商業往來。他說，有一次，他招待南韓客戶，晚餐後到酒吧喝酒。南韓客戶中的最高主管，喝了酒，當眾

—大田路霸。

就直接把手伸進坐在他旁邊的一位女部屬的胸部。老同學強調：「那位南韓女性什麼動作也沒做，什麼話也沒說。」

這例子不可思議。不過，想到二○一四年十二月，大韓航空的千金小姐只因為座艙長拿給她的豆子，沒有依規定放盤子上，就要他和空服員下跪，趕他下飛機，飛機不准飛。或可想像，南韓的階級霸凌有多嚴重。

離開按摩院。眼前兩個很大的路邊停車位，各被用一個白色手提塑膠桶佔領。白色的桶子上打個大藍色的記號。回頭看，二三十公尺遠的對邊上，同樣的手法也佔據兩格停車位。台灣有類似路霸，通常行於小巷弄或自己家或店門前。南韓的非法權威直接又大膽。

# 15 八十八萬韓圓世代

搭上高鐵京釜線，南下大邱。大邱是廣域市，也是慶尚北道的道廳所在。主場換邊，特別提醒。

小白山脈是南韓中南部的天然界山。以西是忠清南北和全羅南北四道，以東是慶尚南北兩道。全羅道和慶尚道向來不對盤。二〇一四年，南韓地方首長選舉，小白山脈以東的慶尚北，慶尚南，大邱廣域市，蔚山廣域市，釜山廣域市，執政黨全壘打。相對的，小白山脈以西，在野黨全拿。

地域主義和團夥主義在南韓非常強烈。看走路就能想像。兩三個人並肩走正常。五個人怎麼走？還是並肩走。人行道上完全沒讓人過的空間。真是走路也團結。走路團結是因為都是自己人，不給別人過是對別人。或許這次選舉的另一個統計數據，略能傳達這種信息。首長和議員共近九千位候選人，有前科紀錄的約佔四十％。當選的近四千名地方公職，有前科紀錄的約佔三十六％。地域和團夥優先，前科紀錄就無關緊要。

慶尚道看全羅道不爽，說起他們就是暴動和叛亂，甚至直接戴紅帽，稱「紅魚」。全羅道稱慶尚道是「倭寇的子孫」。古來日韓兩國的官道和貿易往來就經慶尚道。慶尚富

一走路也團結。

庶，全羅窮困。全羅聞名泡菜和革命，不是沒原因。

韓國第一共和至今總統十一位。一位出生在今天的北韓。一位出生在東北的江原道。李明博出生在日本。其他八位，一位出生在忠清南道。金大中出生在全羅南道。其他六位都出生在慶尚道。「倭寇的子孫」才是南韓真正的老大。正在任上的朴槿惠總統，就出生在大邱。

南韓高鐵英文名稱 Korea Train eXpress，簡稱KTX。東線京釜高速線，從首爾到釜山。西線湖南高速線，從首爾到光州向南延伸。兩線在大田分行，呈人字形。湖南指的是湖江以南，就是全羅南北道。

京釜高速線從大田直達東大邱站，約一百

三十三公里，車行五十二分鐘。台灣高鐵從台北直達台中，約一百六十公里，行車四十九分鐘。沒錯，南韓高鐵平均時速約一百五十三公里。台灣高鐵平均時速約一百九十六公里。宣傳時速隨人說，實際行車時速台灣高鐵比南韓高鐵快二十八%。兩個不同等級，一個是兩百公里級，一個是一百五十公里級。所以，換算物價，南韓高鐵票價顯得相對便宜。

京釜高速線全線通車晚台灣幾年。意外地，後進優越沒有表現在南韓高鐵系統。南韓高鐵車廂不美觀，又狹窄，座位不舒適。更出奇的，買票後拿著薄如便利商店收據的車票，自由出入。沒有驗票的進出管制閘口。在南韓坐過十次高鐵，全都這樣。車上沒遇過查票，完全做信用的。

出東大邱站。旅遊諮詢服務中心的小亭子就在站前廣場。十天來，已經愛上這個由民間向政府承包的服務系統。我相信在需要時，它一定會出現在我眼前。

亭子裡四位服務小姐。走過十幾個旅遊諮詢中心的最大規格。主管負責日語業務。兩位年輕的說英語。另一位小姐胸前別著中國語名牌。我們後來有些私下對話，隱其姓名。

「明天我放假，可以陪你去參觀。你想去哪裡？」她知道我是台灣人，已經旅韓十天，將繼續走完整個南韓後，當同事的面對我說。

全州車站旅遊咨詢服務中心，設在站外計程車排班處的人行道上。（上）
蔚山車站旅遊咨詢服務中心，設在出入站必經之處。（下）

「收費服務，還是免費服務？」

「免費服務。」她說。

就這樣，當場約好隔天上午十點原地相見。

小姐如約，上點薄妝。我請她帶我走「大邱近代胡同遊第二路線」，看來景點比較集中。我走路快，一般台灣女性跟不上。最慘的一次是帶 Catherine 去羅東夜市，那時手機還沒問市，竟然把她遺棄在人潮中。還好，她站在原地待救，終於等到我發現丟人，轉回去。

小姐很健走，我們腳程相當。走著聊著。

「想請問妳一個私人問題。你不想回答，就不要回答。好嗎？」

「可以。」她說。

「請問妳的薪資多少？」

「一百三十萬。」

「剛進來的時候呢？」

「一百二十萬。」

一百二十萬韓圓約當三萬三千元新台幣。一百三十萬韓圓約當新台幣三萬六千元。換算腳底按摩指數和計程車包車指數，就約是一萬七千元到兩萬兩千元新台幣。

—大麥克單點四千一百韓圓。

「你有辦法存錢嗎？」

「我可以存百分之七十。」她說。

「怎麼可能？」

「中餐我吃三千元。晚餐和早餐在家裡吃。」

三千韓圓約是八十三元新台幣。物價換算，相當在台灣吃個五十元便當。吃不起麥當勞。

南韓麥當勞的大麥克單點是四千一百韓圓，約一百一十四元新台幣。台灣的大麥克單點是七十五元。根據「大麥克指數」，南韓物價約台灣的一．六倍。腳底按摩，計程車包租和大麥克三個指數，似乎差不多。

「跟爸媽住一起嗎。」

「和姐姐在外面租房子。從大學開始，我們就靠自己。」

「姐姐在哪裡上班？」

「開美容院。」

「房租姐姐出？」

「我出一點點。」

「同事薪資比妳多嗎？」

「多一點。一百四十萬。」她說。同事是正職，她是短期聘雇，一年一約。

「工作有這麼難找嗎？」

「我算是不錯。我大學的同學，只有一半的人找到工作。」

天啊。我原以為南韓的八十八萬圓世代已經消失。其實不能算是，本質上仍繼續存在。因為資深和物價上漲，薪水增多。就業機會不多，還是類似。「八十八萬圓世代」是一本書，南韓經濟學家禹哲薰和社會運動家朴權一合著，約在二〇〇七年出版。稱呼南韓一九七七年到一九八六年間出生的南韓世代。如今，他們年輕的約二十八歲，年長的約三十七歲。她們姊妹正是這個世代。

從大邱旅程開始，南韓出現一個怪叔叔。到處問人家薪資，一路問到南韓首都。

# 16 畢業整容 面試整容

「你現在最大的願望是什麼？」請她吃中飯。她愛吃蒸排骨牛肉，捨不得吃，份量對她一個人也太多。

「要存一千萬，去歐洲旅行兩三個月。」一千萬韓圓約二十八萬新台幣。

「去玩還是工作？」

「能找到工作最好，我英文不好，在歐洲工作很難。」

她說以前南韓要求英語能力，現在光英語不夠，還要加上中國語。

「你這麼省，很快就能存到一千萬。歐洲回來後，有什麼打算？」

「能夠到首爾大公司，還是去台灣，中國工作。我語言通。」

料理很辣，她滿臉紅暈。

「妳皮膚很白，吃辣臉就紅。」

「我長得醜，大概吃太多辣。」

「不會醜啦。韓國人不都長這樣，國字臉，方方的。整容現在流行到什麼程度？」

「雙眼皮已經不算整容。」她說她媽媽割雙眼皮，去眼袋和魚尾紋。

「韓國人什麼時候整容？」

「高中畢業整容，上大學時同學才不知道你以前長什麼樣子。」她說，正流行的是大學畢業後的「面試整容」。整容對找工作很有幫助。

「多少人整容？」

「至少一半以上。」她說。

「妳有整容嗎？」

「沒有。」她說：「整容的人都不會承認整容。」

「為什麼？」

「愛面子。」她說：「有沒有整容看就知道，還是要說沒整容。」

「八十八萬圓世代」的不滿被認為是李明博當選總統的主因。面對超高的青年失業率，李明博在二〇〇八到二〇一三任內，提出「全球青年領袖養成事業計畫」，號召十萬南韓二十九歲以下的青年，出國實習或工作。政府幫忙在海外找機會，還提供往返機票。希望促成五萬韓勞在海外工作，三萬在實習，二萬在當志工。南韓青年遠征世界學習或工作，包括台灣。南韓政府訓令各地領事館照顧這股海外韓流。「全球青年領袖養成事業計畫」名目動聽，實情黯然。

五年經過，朴槿惠總統上台。政府公布就業數據，仍相當悲觀。二十歲到二十九歲的大學畢業生，四十四%失業，就業者中聘僱不滿一年的高達兩成多。

陸續看到和聽到非官方消息，南韓就業狀況不樂觀。一位和日本有生意往來的老朋友說，東京新宿歌舞伎町已被南韓性工作者佔領。澳洲一位朋友說，南韓性工作者引起澳洲性產業大震動。澳洲性交易合法，有妓院是上市公司。南韓小姐整型後，個個都是大

美女，具有明星氣質，又敢做，大敗當地的性工作者，還會排擠非南韓人，引起公憤。南韓媒體報導，光是逾期工作居留被遣出澳洲的南韓性工作者已超過一千人。台灣和中國的南韓性工作者也很多。據說，還可以指明要像哪一位韓星的。

朴槿惠總統已正式成立「青年委員會」，要解決南韓青年就業的嚴酷困境。台灣的政客和媒體卻還在「韓國能，台灣為什麼不能？」韓國發明，英國研究和台灣媒體被稱為三大不可信。網路上就有這麼說。

一路走來看到的幾個疑惑現象，好像找到解答。

第一個疑惑在光州。我住的五星級旅館側邊，是一條霓虹燈閃爍的鬧街。想找家餐廳吃，來回走約二十分鐘，總共被叫客九次。當街叫客不稀奇，台灣也有。台灣皮條客低調，光州的衝勁十足。台灣皮條客有點年紀，光州的個個青春有勁。其中一位叫我跟他來個 Give me five。年紀輕輕幹這碼事，有點別無選擇。

第二個疑惑在全州。全州長途巴士站是圓形兩層樓。月台繞著圓形樓排列。我正在欣賞有趣的建築設計，兩輛巴士開到前面停車區。突然，兩個人從室內衝出，一拿掃把，一拿水龍頭，開始賣力洗車。不是跑小快步，是用衝的。什麼樣的標準作業程序如此十萬火急，無縫銜接？什麼樣的背後力量讓他們非得如此？

第三個疑惑在大田。半夜肚子餓，下樓問櫃台員，有沒有泡麵。他說沒有，旅館外不遠就有便利商店。他真是花美男一個，領我出旅館，遙指百公尺外亮燈處。

「這時候出門危險嗎？」我問他。

「有一點。」他說，就決定帶我去。買包泡麵後，他問我要不要買點水果，又帶我去水果小店。服務態度一流。總覺得一種莫名的原因隱藏在背後。

第四個疑惑就是小姐主動的免費導遊。

啊。找工作這麼艱難，工作又沒有保障，能不盡最大的能力表現，保住工作嗎？

「你覺得我的服務好嗎？」小姐問。

「一百分。」我說。

「我覺得只有七十分，我的標準比較高。」

「韓國人，公司，政府都推責任，說錯不是自己，是別人。我覺得很羞。」她說。

# 17 美軍基地大調整

住在大邱南區一家小旅館。網路訂房資訊註明是三星。一路從濟州六星，光州五星，大田四星，越來越接近基層。旅館房間門要特別用力和對準角度，才能開關。房間充滿廉價芳香劑氣味。沒有煮水器具，要到特定的兩個樓層，才有共用飲水機。房間沒網路，得在櫃台前小客廳分享無線。

旅館附近約五分鐘路程，有家打著上海招牌的簡餐店，喜出望外。口味還不錯，一連兩天都去。第一餐叫辣蔥爆牛肉飯。第二餐叫宮保雞丁飯，都配瓶可樂。飯七千韓圓和八千韓圓，平均約兩百一十元新台幣。可樂兩千韓圓，約五十五元新台幣。台灣便利商店類似容量的賣十八元，快炒店約賣二十元到二十五元，「餐館可口可樂指數」韓國物價是台灣的兩倍多。兩餐都遇到穿制服的美軍。老美比較有錢，可以賣貴一點。

大邱南區是駐韓美軍重地。南韓被中國，俄羅斯，北韓和日本環繞，國防沈重。只有等到南北韓完全和解，才可能找到比較愉快的解決方案。

根據瑞典「斯德哥爾摩國際和平研究所」公布數據，二〇一四年國防經費支出，南韓進入全球前十大。依序是美國，中國，俄羅斯，沙烏地阿拉伯，法國，英國，德國，

—大邱啟明大學。韓劇的拍攝景點之一。

日本，印度和南韓。十個國家中，南韓軍事支出佔GDP比重，只低於美國，俄羅斯和沙烏地阿拉伯。不知是好戰一族，還是有苦說不出，或兩者都是。

比較十國二〇一〇年和二〇一四年的軍費支出，五國大幅增長。印度，三百四十八億美元加到四百七十四億美元。沙烏地阿拉伯，四百三十億美元增為六百七十億美元。俄羅斯，五百二十六億美元增到八百七十八億美元。中國，一千一百四十三億美元增為一千八百八十億美元。南韓，兩百四十三億美元變成三百三十九億美元。預估南韓國防經費在二〇一五年，將突破三百五十億美元。

除沙烏地阿拉伯遠在中東，其他四國以中國為交集。中國居中，俄羅斯在北，印度在南，南韓在東。三國以弧形環繞中國。南韓已然加入全球軍備競賽中。

南韓國防基本上仰賴美國核子保護傘。南韓支付駐韓美軍的防衛分攤金，節節升高到約八億美元一年。分攤金按物價指數，年年成長。

駐韓美軍引起的南韓內政問題相當複雜。美韓兩國就駐韓美軍基地的調整和整併，在二〇〇四年簽訂換地協議，陸續實現。美軍承諾交還南韓的基地土地，有一百七十平方公里。約當二十二個台北中正區，或六百八十個台北市大安森林公園。

駐韓美軍司令部在首爾市區龍山基地，最是讓反美的南韓人刺眼痛心。首爾寸土寸金，竟然有個宛如別墅特區的美軍基地。龍山基地近十個大安森林公園的面積。不但助長反美情緒，更讓財團婉惜不能拿來開發高級商業和住宅區。果不其然，二〇一五年南韓政府已經公開宣佈，關閉後的龍山基地將開闢成幾個高樓層的大商圈，包括免稅店和賭場酒店等。

駐韓美軍新的布署態勢是首爾和首爾以北的駐韓美軍基地都撤離。可能是避免成為人質的策略性佈局。萬一北韓藉口要打美軍，飛彈飛進首爾市區，或坦克越過非軍事區南侵就麻煩。

駐韓美軍最終將形成兩大基地群。京畿道平澤市的韓福瑞基地約龍山基地的兩倍大，將成為駐韓美軍新領導中樞，龍山基地會遷到此地。京畿道的烏山和全羅北道的群山，都是空軍基地。三大基地鎮守南韓西部江山。

大邱和釜山鎮守東南。是南韓最後的防線和軍需後勤補給倉儲中心。一旦戰事爆發，韓半島外的美軍增援部隊，用這裡當跳板。喬治營，亨利營和華克營駐守大邱南區。卡羅爾營在洛東江以西。無敵營在洛東江的上游南邊。洛東江是南韓第一長河，也是南韓的救命之河。

一九五〇年六月二十五日，北韓發動奇襲。三天拿下南韓首都漢城。一個月後，南韓領土已被佔領超過九十％。北韓軍和中國人民志願軍勢如破竹。大田攻破，木浦失守，西邊江山全部淪陷。東邊戰線一直南撤。七月底，慶尚南道的晉州市被突破。美軍和南韓軍潰不成軍。南韓首都從漢城退到大田，又撤到釜山。北軍繼續猛攻。南韓政府已做出最壞打算，臨時首都一路從漢城撤大田，再撤釜山，準備要撤出韓半島。

美軍華克將軍下令死守洛東江防線。洛東江從東部山區向西南流，再南流經大邱和釜山，最後出海，形成一個弧形的「釜山環形防禦圈」。北韓軍幾度突破洛東江防線，渡河成功，戰役慘烈，最後都被擊退。從八月四日到九月十八日，洛東江戰役前後十五天，雙方傷亡都約五、六萬人。平均兩方每天都有三四千人傷亡。

洛東江之戰牽制北韓軍。聯軍增援部隊有時間不斷集結。九月十五日聯軍統帥麥克阿瑟奇襲，登陸仁川。切斷北韓軍的南北聯繫，南面北韓軍失去補給。十六日「釜山環形防禦圈」部隊全面反攻，南北夾擊，戰局逆轉。聯軍獲得最後全面勝利。「韓戰」南韓人稱「六二五動亂」。

駐韓美軍編制已縮減到兩萬八千五百名。目前，「釜山環形防禦圈」諸營，含雇員和眷屬不到一萬名。駐韓美國海軍陸戰隊基地在浦項市無敵營。釜山西邊的鎮海基地是美

國航空母艦群，和核子潛艇的主要停泊基地。

駐韓美軍還有兩個尷尬難題。韓軍平時指揮權已歸還南韓，戰時指揮權仍歸美國。南韓人認為國格屈辱。治外法權也已終止，駐韓美軍的審判已歸南韓法院。形式上這樣，但美韓對法律和人權的認知有相當差異。遇上個案，難免要與論審判和政治較量。

最難堪的是「基地村」。基地村就是在美軍基地附近，提供美軍玩樂的聲色場所。南韓過去約有一百二十個基地，基地村就可以百計。二〇一三年爆發最尷尬的故事。一百二十二位曾經在南韓政府鼓勵下，當過美軍「慰安婦」的老婦人，提起集體訴訟。要求政府賠償她們每人一千萬韓圓，雖然當初她們是志願的。

相關的事證越揭露越多。南韓本來禁娼，為留住美軍並發展經濟，朴正熙總統和一些國會議員，以及媒體都公開鼓舞南韓女性，對美軍提供性服務，還給她們取個「洋公主」美名。洋公主拼經濟，全國一百九十個慰安所，都在美軍基地附近。南韓政府還向美軍承諾，會提高洋公主素質，包括健康檢查，教導儀態，美容和英語能力等。

地方政府配合中央政府，廣設美軍慰安所。一九七〇年代，朴正熙總統回應美軍要求提高慰安品質，展開基地村淨化運動。加強忠誠教育和性病防治。激勵洋公主以自己能為國家賺取外匯為榮。二〇一四年，南韓「統一民族」雜誌報導，估計在政府「賣淫愛國」的政策下，約一百萬名南韓婦女為美軍提供性服務。

一九六六年的南韓「新東亞」雜誌說：「洋公主的能力是巨大的，她們的身體優勢

洛東江勝戰紀念館──振興韓魂。（上）
洛東江紀念館反共漫畫。（下）

將是挽救我國經濟的良方。」新聞也被翻出踢爆。日本極右派士氣大振，把南韓酸到令人不忍引述。

「洛東江勝戰紀念館」位在山區的「前山公園」。館外擺著當年建功的飛機和戰車等武器。館內牆上，張貼一幅幅反共漫畫。穿制服的北韓軍，把俘虜全身衣服剝光。有的罰跪，有的被雙手反綁，雙腳懸空，掛在牆上。有的被直直綁在電線桿上。還有兩個人被「犬決」，一個被隻餓犬撲咬頸部，一個被三隻餓犬撕爛。

紀念館中有振奮南韓軍魂的圖像。軍人的剪影卻是百分百美軍的典型模樣。上山搭計程車，下山無車可坐，走著山路回旅館。

## 18 國債惡化速度驚人

「國債償還運動紀念館」是大邱之旅的重點。一九〇七年，大韓帝國時期，韓國積欠日本一千三百萬韓圓，無力償還。日本要脅併吞韓國。大邱一位書店老闆，發起募款償還國債運動。呼籲大韓帝國二千萬國民，停止吸煙三個月，捐款救國。捐錢容易戒煙難。這是個小說的好題材。

大邱國債報償運動紀念館。

紀念館和紀念公園，以及相連著的圖書館，構成小園區。館中陳列百年前的運動相關文件，新聞報導，以及運動領導人物的放大照片等。為國捐輸不分士農工商，男女老少的場景，用繪畫和雕塑表現。「國債志願金收合社務所」前一群人排隊捐錢，背景用畫，隊伍用雕塑，合而為一。

類似的故事九十年後再度發生。一九九七年亞洲金融風暴，南韓外匯儲備無力償還外債，國家面臨破產。南韓國民發起捐金救國運動。

—捐款救國不分士農工商。

兩次運動的主體其實都是為償還「外債」，不是「國債」。國債指的是中央政府為募集資金所發公債。購買公債和贖回公債使用當國貨幣。外債指的是向外國募集和借貸，收國際流通貨幣，還也使用國際貨幣。先以台灣為例來看看清楚。

台灣的外匯儲備餘額，到二〇一四年約有四千兩百六十四億美元，排名世界第五。南韓的外匯儲備約三千六百三十一億美元，排名第八。看來南韓只少台灣六百億美元，但比較幾個相關的經濟數據，就會發現台灣的外匯儲備比南韓雄厚。南韓經濟體是台灣的兩倍多，約當兩國人口比例。南韓對外貿易金額也大於台灣，就外匯現金流量，台灣的儲備比南韓安全得多。

南韓外債根據官方二〇一四年公布的數據，

大都維持在四千億美元以上。外匯儲備和外債金額不相上下。好消息是，南韓的外債債權開始大於外債債務。壞消息是，兩者不能直接加減。例如，您欠老美四千億美元，老中欠您四千億美元。萬一得先還老美，怎辦？老中如果拖欠，您不就被老美打屁股？

國際投資計入外債，也是一種統計方式。台灣排名全球第五大對外淨資產國，對外淨資產超過八千億美元。南韓是亞洲四小龍中，唯一榜上無名的。不過，外資是靠股息和盈餘分配，不是舉債式的支付利息和償還本金。就此略過。

根據美國「債鐘」（US Debetclock.com）隨時跳動的即時資訊，南韓外債占GDP的比重不算高，將近百分之二十五。經濟性大災難的愛爾蘭超過百分之一千。葡萄牙百分之兩百二十多。希臘百分之兩百多。西班牙近百分之一百七十。義大利約百分之一百五十。

借債投資做到多少生意是一件事。更根本的，投資營利夠不夠償還本金和利息。否則，債務會越來越重，導致經濟崩潰。當微利成為投資的經營主策略，外債占比過高，相當危險。外債和國債的急迫性不同，外債到期非還不可。否則，不但國家的國際金融活動受嚴重影響，還可能引起國際金融風暴。

國債有國內的解決方法，通常是國會修法或立法，提高舉債上限。地方政府沒錢向中央政府借，中央政府沒錢找中央銀行。隱藏性債務能拖就拖。

南韓國債的嚴重程度令人擔憂。根據「韓國金融投資協會」統計，南韓國債從二〇〇七年將近四百兆韓圓，一路攀升。二〇一三年，突破八百兆韓圓。不到五年，國債倍增。二〇一四年還是停不住一路上衝的趨勢。南韓的公共財政出現驚人的惡化速度。一兆美元的國債惡夢正等在前頭。

南韓GDP成長驚動各方。怎麼會造成國家財政這麼困難？簡單說，就是稅收不足支應政府投資和支出。南韓「中央日報」報導，從二〇一二年開始，南韓政府連續三年支出膨脹，租稅虛估。稅金短收約十一兆韓圓，約十八兆的計畫無法進行。南韓GDP顯然虛胖。

拆解GDP四匹馬，或許能看清南韓GDP穩定成長，國債卻急速惡化的真相。「淨出口馬」，南韓出口主力的手機和石化製品，遭遇中國競爭，在中國的市佔率下降。汽車工業在日圓貶值，和印度廉價車掀起的新車潮中，相對被冷落。「淨出口馬」消瘦。「投資馬」看壞經濟前景，寧抱現金，舉步不前。根據「彭博新聞」報導，二〇一四年六月底，三星擁有六百億美元現金。南韓七百六十三家上市公司，手上共有八千億美元。南韓政府祭出企業增稅，企業營利如不投資和分配，要繳百分之十稅金。「消費馬」跛腳。二〇一四年，南韓家庭負債占GDP比重九十一％，全亞洲最高。沒錢可花，就借錢來花。到相當門檻，就再也消費不起。

「政府支出馬」花越多，GDP越好看。朴槿惠就職週年演說，宣布三年經濟改革計畫。內閣大換血，新內閣提出約十二兆韓圓的支出計畫。政府支出馬載著鉅額國債往前衝。

「南韓體質」在經濟學上是個貶抑詞。國債報償運動和捐金救國運動是類似故事。兩個「經濟性國恥」都因政府好大喜功，借貸無力償還的鉅額外債，投資在沒有創利價值的施政。國家經濟被大財團壟斷，金融秩序敗壞，才造成可怕的國家財政災難。

國債報償運動募集十九萬韓圓，根本無助於一千三百萬韓圓國債的償還，一九一〇年，韓國還是被日本併吞。捐金救國運動兩百多萬南韓人捐出價值十億美元的黃金，總共募集二十二億美元，根本於事無補。

最後國際貨幣基金IMF借給南韓五百八十多億美元紓困，南韓才度過難關。條件是南韓要進行金融改革和企業整併，並減少政府支出。十七年經過，南韓體質變好沒有？後面的旅程慢慢再說。

—大邱228運動紀念公園。419革命推翻李承晚，就從大邱228發起。

228公園一角落。後方公園中正進行著抗議活動。

捐金救國運動是國家治理失能，經濟衰敗，民智未開的落後象徵。台灣人是被馴化，好山好水好命，有好日子過就好。南韓人繼續被奴化。服從性和從眾性相當高。人家怎麼做，就跟著做。跟著老大和大哥走才能吃香喝辣的。不過，也有例外。世越號沈船前，學生們被吩咐留在原地不能動。結果，下令的人危險跳走。聽話的學生們只能在原地滑手機和家人道別，最後命喪海中。

（Shutterstock 提供）

# 第三篇

# 財團共和國

南韓十大財團營業額占全南韓ＧＤＰ比例，已經高達百分之八十五。

全南韓的生意都被十大財團壟斷。

財團早不是八爪章魚，而是百足蜈蚣。觸角伸進各領域。

南韓不是「三星共和國」，是「財團共和國」。

# 19 大財團小總統

大邱是南韓的紡織和時裝重鎮。Catherine 小姐沒同行，時裝店行程，自當省略。坐著地鐵到處看，意外遇上一位從台灣學成歸韓的快樂年輕人。他在鬧區開家「胡椒餅」。被這三個字吸引進店。他說在台北愛上胡椒餅，學藝回來大邱開，很受歡迎。

「在台北哪裡學的？」

「饒河街夜市。」他的中國語不流利，笑得很燦爛。

京釜高速線列車往東南開去，十八分鐘就從東大邱開抵新慶州。從車站搭計程車到我住的民宿，錶跳二萬六千韓圓。南韓高鐵站和台灣類似，高鐵站和傳統鐵路車站往往不是同一個。我其實該搭傳統火車大邱線，再轉中央線到慶州。

傍晚在村口餐廳吃客火鍋。還是不習慣南韓餐廳的上菜方式。先來三四碟各種泡菜，雖然不是扔的，但和塞過來差不多。或許是早習慣於日本小菜的清麗色澤和切工，以及擺個一兩碟的優雅風格。輕輕上碟日本小菜，比較接近等待享受主餐。快速上三四碟南韓泡菜，比較接近：趕快吃。

感覺南韓衝得收不住。幾乎每個總統都出事。第一位總統李承晚，是美國普林斯頓大學國際政治學博士。還被封為國父。被四一九革命趕下台，流亡美國。

第二位總統尹潽善和總理不和，無能處理李承晚留下的爛攤子，被朴正熙政變，當傀儡總統。朴正熙大規模整肅異己，他終於辭職。

第三位總統朴正熙最傳奇。取名高木正雄，受日本師範和軍事教育。濟州四三事件，麗水軍團叛變，他正是麗水十四團的參謀長。起義失敗，被判死刑，後來無罪釋放。據說，因為出賣同黨。

韓戰爆發，朴正熙升到少將師長和陸軍作戰副參謀長。停火協議包括換俘，李承晚卻把俘虜偷偷編入南韓軍中。協議面臨破局，英美領袖都抓狂。根據已解密的文件，艾森豪總統想除掉李承晚，物色有能力這麼做的人選。朴正熙曾留學美國炮兵學校。發動政變被認為和美國態度有關。政變成功後，朴正熙設立中央情報部整肅政敵。最後被情報部首長暗殺身亡。

絕的是，朴正熙搞出兩位國父。他認為獨立運動領袖金九，當年比李承晚民間聲望更高。金九被極右派謀殺，李承晚才能當上國父和總統。重新追封金九為國父。所以，韓國國父有兩任，第一任是李承晚，第二任是金九。韓國國父和總統的命運都很坎坷。

第四位總統崔圭夏，和朴正熙都是留日派，出身日本國統治體系。總統當不到八個

韓國第一任國父兼第一位總統 李承晚。（上）
第三位總統 朴正熙 漢江奇蹟和財團經濟結構的開創者。（中）
第五位總統 全斗煥 南韓最後的獨裁者。（下）

月，就被全斗煥政變下台。

第五位總統全斗煥，下場和評價都最悽慘。因政變和鎮壓光州，以及官商勾結和貪污，卸任後被判死刑，後來改判無期徒刑入獄。直到金大中特赦，改成居家軟禁。為追繳他未繳的一千六百多億韓圓罰金，兩個兒子和長女被禁止出境。

第六位總統盧泰愚，追隨全斗煥，繼承全斗煥的政治勢力，當上總統。卸任後和全斗煥同案。先被判刑二十二年六個月，後減為十七年。也被金大中特赦。

第七位總統金泳三追訴全斗煥和盧泰愚。安然下莊。他當總統時，一個兒子收受財團六十六億韓圓活動費，逃漏贈與稅十四億韓圓，被判兩年有期徒刑。這兒子後來又因收取非法政治資金二十億韓圓被捕。

第八位總統金大中，安全卸任。任內不少高官因金權交易坐牢。三個兒子都因涉賄被起訴，兩個被判刑。長子收受非法政治獻金一億五千萬韓圓，被判有罪，國會議員職務被解除。次子收受二十億韓圓非法政治獻金，和逃漏贈與稅被起訴，當選國會議員。後來被判有罪，競選連任落選。小兒子涉嫌收受十五億韓圓非法資金被起訴。

第九位總統盧武鉉。當選總統兩年後，被國會通過彈劾，停職受查。幸好，國會改選，反對黨大敗。憲法法庭推翻國會彈劾，復職。國會多數就是這麼重要。

盧武鉉是金大中的接班人。金大中任內民間團體開始編輯「親日人名辭典」。盧武鉉任上「親日人名辭典」收錄三千零九十人。卸任後，收錄人數兩度增加，到二〇〇九年十一月，收錄總人數四千三百八十九人。包括朴正熙和一些著名的獨立運動家，教育家和女性運動者。

盧武鉉還主導通過「親日反民族行為者財產歸屬特別法」，成立「親日反民族行為者財產調查委員會」。這樣對親日派下重手，無異於和南韓財團以及保守勢力公開宣戰。台韓都經過日本幾十年統治，財團和世家都是日本時代的特權和顯赫家族。另有民間團體編輯「親北朝鮮人名辭典」，以做對抗。人戴我倭帽，我就戴人紅帽。

盧武鉉任內，一個哥哥收賄三千萬韓圓，被判刑一年。行賄的建設公司社長跳漢江自殺。這哥哥又爆發二十九億韓圓收賄醜聞，判刑四年。盧武鉉安全下莊。沒想到卸任一年三個月後，竟然在晨間登山運動中，支開隨從，跳崖輕生。

盧武鉉的太太，兒女先後捲入數百萬美元的收賄醜聞。盧家在美國的三間房產接連曝光。或許是家門不幸，讓盧武鉉生不如死。遺書結尾說：「不要道歉，也不要埋怨誰，都是命。火葬了吧。」盧武鉉另外一個重要政績是，行政首都遷往世宗。世宗升格為特別自治市。到二〇一四年，南韓中央政府超過一萬人在新「行政首都」辦公。稱行政首都是「遷都」違憲的權宜措施。盧武鉉讓許多南韓人恨之入骨，也讓許多南韓人永懷在心。

第十位總統李明博。一路被現代財團提拔。二十九歲成為現代建設董事。三十六歲升任執行總裁。四十七歲當上董事長。他在現代建設二十七年，員工從九十人成長到十六萬。一九九二年，李明博離開現代，受金泳三引進政壇，連兩任國會議員。後來，因爆發競選經費超支辭職。

二〇〇八年，李明博就任。反對者指他是保守勢力代理人，動用媒體和司法，政治追殺盧武鉉。是間接殺人兇手。李明博五年任內，南韓經濟向前衝。南韓政府負債和家庭負債加速惡化。貧富差距嚴重擴大，中產階級消失。卸任後，民調認為他做得好的二十四%，普通的十三%，做得差的五十八%。

李明博任內，官商勾結變本加厲。胞兄收受兩家銀行六億韓圓，被判刑二年。卸任前，他竟然特赦五十五名涉貪親信。卸任兩天，就被國會以過八成票數，通過專案調查他和第一夫人涉及的弊案。

第十一位總統朴槿惠正在任上。她不滿李明博不顧她反對，在卸任前動用總統特赦權赦免貪瀆親信。公開宣稱要對李明博涉及的不法追究到底。

朴槿惠政府已經踩到貪腐地雷。只因先引爆，沒受重傷。世越號後，朴槿惠首先提名肅貪鐵漢安大熙，接任國務總理。沒想到，安大熙被揭露從大法官退下後，短短半年賺進十一億韓圓。沒有迴避「前官禮遇」。安大熙趕緊辭掉被提名資格。

南韓民間有「青瓦台魔咒」的說法。說總統府青瓦台風水缺漏，總統下場都不好。幾十億韓圓對財團是零頭，就可以搞得國家權力核心動搖。真是大財團小總統。

編輯說明：朴槿惠總統於二〇一六年被國會彈劾停職。二〇一七年被依收賄，濫權，脅迫，洩密等罪行收押。

# 20 政治資金法 比台灣進步

南韓財團和官商共犯結構不突然出現。「絕對的權力，絕對的腐化」是獨裁體制的必然。獨裁者一手遮天，只要獨裁者點頭，什麼特權都可能發生。只要當權者下封口令，什麼醜聞都會被掩蓋。

南韓的金權交易醜聞爆發的程度超過台灣。可能同時顯示，南韓的貪污體系比台灣根深錯雜，也代表南韓的法制改善比台灣進步。

比較台韓的政治捐贈法律，或可一法道破。規範政治資金的法律，是監控金權政治的法源。台灣的「政治獻金法」看似規範詳盡，實則像個編織井然的漁網，可惜沒有浮球和網墜，什麼魚都網不住。不但是個廢法，更是「金權掛勾保護法」。

捕魚人都知道漁網上必須有浮球，才能知道網撒在哪裡，去哪裡收網。而且，沒有浮球，漁網就會沈入茫茫大海中，捲成一團，完全失去漁網的作用。政治捐贈法律要捕的大魚，就是收款人和捐贈者。

誰可以收錢？誰不能收錢？是第一要點。誰能捐贈？誰不能捐贈？是第二要素。這就

（Shutterstock 提供）

是漁網上的浮球。浮球裝置妥當，魚兒才容易入網。浮球就是監控系統的透明度設計，南韓「政治資金法」在二〇〇四年，盧武鉉任內修法後，兩個規範已然齊備。

南韓「政治資金法」規定，任何政治人物和候選人都不能直接收取政治捐贈，只有經過申請和登記許可的後援會組織才能收。誰能成立後援會，誰不能也有規定。無論是後援會會員或非會員，都必須透過後援會捐款。簡單地說，政治人物和其家族親信，都不能私下收政治捐款。政治捐款的收取必須經過一群人共知。台灣的政治捐款誰都可以收，所以，只要查到疑似行賄，就用「政治獻金」一詞脫罪。

偶見韓日政治人物為收取不當政治捐款公開道歉或下台，就是法制不同。沒有經過法定

—南韓總統府青瓦台。

程序收的錢，就不是政治獻金。趕快道歉返還，表示純屬無心之過。否則，至少有「五年以下有期徒刑」等著。台灣「政治獻金法」也有罰則，但沒有透明的程序法律設計，有罰則等於沒罰則。「政治獻金」反成賄賂的脫詞。

南韓「政治資金法」禁止企業對政治人物捐款。期許徹底斬斷政商利益輸送臍帶。企業只能對政黨捐款。這就是為什麼會有日韓企業家因不當捐款自殺。這牽涉企業背信和道德。企業不能捐助政治人物，被發現這麼做，當然連所有的股東，都可以追究行為人是為什麼？

政治人物和候選人都不能直接收錢，企業也不能捐錢給他們。如果用南韓這樣的法律來辦現在的台灣，大概每個鄉鎮市都蓋一所政治人物專用監獄，才夠用。

台灣法界流行「對價關係」的說法，只能說是外行。違法和賄賂還能有什麼對價標準？還不是全得由法官自由心證。政治人物收了法律明訂不當收的錢，就是違法，就得法辦，這才是正版。就算脫得了賄賂罪，還是逃不過法律制裁。

南韓「政治資金法」規定，後援會會計部門對超過法律規定的捐款，有如實記載和申報的義務。如實申報的義務，台灣的「政治獻金法」也有規定。天差地別的是，南韓超過法定限額的捐款，要「報繳國庫」。台灣是「返還捐款人」，一定期限後，找不到人返還才報繳。簡單地說，根據南韓法律，沒報繳國庫是侵佔國庫，是貪污。根據台灣法律，沒返還當事人是不好意思，還在尋找。

這就是漁網下端的網墜設計。沒有網墜，漁網不會下沈張開，會隨海流水平漂浮，勉強進網的魚都能掙脫游走。「公開捐贈者」是其中一顆網墜。捐贈金額超過一百二十萬韓圓，約相當三萬多新台幣，捐贈者的姓名，地址，電話，職業和身份證字號都要公開。不這麼做，照樣法辦。敢捐就敢公開，沒有公開的全不算數，打入違法捐贈，先罰一條漏報贈與稅，再辦其他更重的罪。

南韓的「政治資金法」罰則，和台灣一樣都是行政罰。但是，法律賦給行政單位檢舉移送的大責。行政單位錯失職責，照樣論辦。台灣的「政治獻金」申報查核由監察院負責。其實是一種掠奪司法的體制。

南韓「政治資金法」相對比台灣進步。南韓政商醜聞畢露，未嘗不是好事。相對襯托出台灣的立法機構，玩法弄法，混吃等吃。台灣叫「政治獻金法」，南韓稱「政治資金法」，日本是「政治資金規正法」。只能說，台灣國會議員的國文程度比日韓差。獻給誰啊？媽祖？佛祖？上帝？

# 21 八爪章魚變百足蜈蚣

慶州是新羅王國首都。新羅立國約在兩千多年前，國脈長達九百多年，歷史悠久。慶州是古都中的古都，主打古蹟旅遊。挑選佛國寺。

佛國寺是約一千六百年前的建築。早經歷代多次重建，只有石頭是當年的。堆疊工法簡單，每兩根長石柱中排列一塊塊石頭。造型和工藝樸拙。佛國寺名列「世界遺產」。看著看，寧可相信，只有部分的石頭可能是當年的。

慶州是小地方，四面環山，接近朝鮮半島東海岸。鎮上逛逛，買盒「慶州餅」。小小的，圓圓的，樣子可口。麵皮豆餡，台灣常見。還算順口。民宿女主人一再交代，不要再遠去新慶州站搭高鐵，就近在慶州站搭火車。

計程車離開民宿村。村口的民宿建築物外牆，有德國，英國，加拿大和澳洲的國旗圖樣。大概會到這麼偏遠地方看古蹟，以歐美觀光客居多。村口一個高立的咖啡廳招牌，標誌模仿星巴克。圓形綠底白字。正中的美人魚換成翹捲著尾巴的貓。不知是澳洲連鎖，還是南韓人自己搞出來的。

到慶州站，火車正要來，買票衝進月台，坐上東海南部線火車。三十四分鐘到達蔚山廣域市的太和江站。蔚山是過去「現代集團」的大本營，也是南韓重工之城，幾個大財

團都在蔚山設有重要生產基地。「現代集團」已經拆解，「現代汽車集團」和「現代重工集團」的主要基地仍在蔚山。

二十世紀南韓被稱為「現代共和國」。現代集團解體分成幾個互不相屬的集團。南韓現在被稱「三星共和國」。「經濟總統」換三星老闆做。最早把南韓帶進國際舞台的大宇集團，在跨二十一世紀時崩潰破產。剩下在造船業有個重要席位。

參考美國《財星雜誌》二〇一四年全球五百大企業排名，客觀看看南韓財團實力有多大。中國喜歡把「五百大」說成「五百強」，是不準確。「五百大」只根據年度營業額統計，無關總資產和盈虧。

南韓第一大財團是三星。「三星電子」排名全球十三，年營業額近兩千一百億美元。「三星人壽保險」排名全

｜慶州車站。

（Shutterstock 提供）

球四百五十八，約兩百六十二億美元。「三星C&T」排名四百六十，將近兩百六十億美元。三家掛上三星招牌的，年度總營業額約兩千六百億美元。約是台灣「鴻海精密」的兩倍。鴻海年度營業額約一千三百三十億美元。排名全球三十二。

第二大財團是現代汽車。「現代汽車」排名一百，營業額約八百億美元。現代購併的「起亞汽車」排二百四十六名，約四百三十五億美元，現代控股起亞，擁有起亞約三分之一股權。「現代摩比斯」排三百八十八名，營業額約三百一十二億美元。這是「現代汽車」的子公司，由「現代精工」改名，生產汽車零件。三家「現代起亞汽車」集團公司，年度營業額高達約一千五百五十億美元。比鴻海多約兩百億美元。

首爾的三星集團總部。

第三大財團是ＳＫ（鮮京集團）。跨足能源，石油化工，通信和貿易。排名全球六十四，年營業額約一千億美元。

第四大財團樂喜金星。簡稱樂金，ＬＧ，排名一百九十四，約五百三十億美元。LG Display 排名四百八十一，約兩百四十七億。兩家 ＬＧ 約八百億美元。

第五大財團是「浦項鋼鐵集團」。排名一百七十七，營業額五百六十五億美元。

第六大財團「現代重工集團」。排名兩百零九名，營業額將近五百億美元。從事造船和建築重機械製造。

第七大財團「ＧＳ 集團」。排名兩百六十，將近四百二十億美元。

第八大財團「韓華集團」。排名三百三十一，約三百五十四億美元。

第九大財團「韓進集團」。S-Oil 排名四百二十七，約兩百八十五億美元。

第十大財團是「樂天集團」。「樂天百貨」排名四百六十四，約兩百五十八億美元。

｜樂天集團在首爾的房地產業，南韓大財團什麼都做。

「斗山集團」營業額約兩百一十億美元，過去常名列五百大。近年門檻提高到約兩百四十億。斗山出榜。

這十一個財團就是南韓的十大財團競逐名單。排名或有變化。以上所列只是富士比榜單上的數字，總計年度營業額高達八千五百四十二億美元。超過二十五兆新台幣。

南韓「財閥網」指出，十大財團營業額占全南韓GDP比例，一再創新高。二〇〇二年五十三・四%。二〇〇八年六十三・八%。二〇一一年七十六・五%。美國「彭博新聞」二〇一四年九月報導，南韓財團所佔GDP已經高達八十五%。全南韓的生意都被十大財團壟斷。

南韓財團早已不是八爪章魚，而是百足蜈蚣。觸角伸進各領域。能想到好賺的，他們想得比您快，做得快，賺得多。

南韓「企業經營評估機構」CEO Score 統計，十大財團子公司，二〇〇九年八百二十家，二〇一四年九百八十五家。當看到這裡時，可能已經超過一千家。十大財團總資產二〇〇九年約八百一十兆韓圓，二〇一四年高達一千兩百四十四兆六千億韓圓。五年資產增加約五十三．四％。最賺錢的二十八個企業集團都屬十大財團，五年獲利一千一百九十三兆韓圓。

財團狂賺，銀行錢被猛搬。前三十大財團的集團公司，二〇〇九年向銀行借款餘額七百七十二兆韓圓，二〇一一年已經衝破一千兆韓圓大關。

南韓不是「三星共和國」，是「財團共和國」。

# 22 繼承者的天堂

財團共和國早已由「繼承者」們掌控。根據美國商業雜誌《富比士》（Forbes）二〇一四「全球十億美元富豪排行榜」（Billionaire Ranking）的統計，全球十億富豪中，白手起家的創業家，約佔六十六％。繼承和繼承並發展的占三十四％。創業家約三分之二，兩種繼承者約三分之一。南韓十億富豪中創業家約四分之一，繼承者約四分之三，是全球繼承者平均值兩倍多。

二〇一五「全球十億美元富豪排行榜」已出爐，南韓富豪名單變動很小。三十人上榜。南韓前十大富豪中，除南韓即時通（Kakao Talk）創始人金範洙外，其他九位都是繼承者。

首富李健熙，一百一十三億美元。三星集團會長，二代主。

第二李在鎔，七十二億美元。三星集團副會長，李健熙長子，三代接班人。

第三徐慶培，七十二億美元。愛茉莉太平洋化妝品集團，二代主。

第四鄭夢九，五十七億美元。現代汽車會長，原現代集團創辦人鄭周永次子。

第五鄭義宣，三十八億美元。現代汽車副會長，鄭夢九獨子。三代接班人。

第六崔泰源，三十五億美元，ＳＫ集團會長，二代主。

第七金範洙，二十九億美元，Kakao Talk 創始人，白手起家。

（Shutterstock 提供）

第八申昌濟，二十九億美元，教保生命保險，二代主。

第九李富真，二十二億美元，李健熙長女。

第十李敘顯，二十一億美元，李健熙次女。

南韓十大富豪九個出身大財團。三星共和國和現代共和國共十占其六。如果再加上排名二十三的鄭夢準，十一億五千萬美元。鄭周永的六子，現代重工會長。那就真是應驗「餓死的駱駝比馬大」。現代共和國即便崩解，精選肥肉還是穩穩在手。只是分割，分由家族親人掌控，互不隸屬。想來如果哪天三星王國崩潰，繼承者們還是穩坐南韓富豪排行榜上。

三十位名列富比士富豪排行榜的南韓富豪，三星家族七位。李健熙，長子李在鎔，長女李富真，次女李敘顯，妻子洪羅喜排十五，

—江南區聚集許多財團的總部。

——百貨大財團樂天百貨（右）和釜山新世界百貨（左）緊鄰，和捷運共構。

十四億美元。小妹李明熙十六，十四億美元。李明熙獨子鄭溶鎮排二十四，十一億五千萬美元。

李明熙是「新世界百貨」董事長。新世界百貨從三星獨立而出，已超越樂天百貨，成為南韓最大的百貨公司。

樂天的繼承者一樣富貴逼人。次子辛東斌排十四，十五億五千萬美元。長子辛東珠排十七，十三億五千萬美元。樂天集團創辦人辛格浩就出生在蔚山，移民日本創業，韓裔日本人，日本名字重光武雄。

樂金的繼承者也沒漏氣。具本茂排名十二，十六億五千萬美元。具本綾排十八，十三億美元。

繼承者從小拿刀叉吃各種肉。他們的行止讓南韓人很難消受。第一富豪李健熙，行賄盧泰愚總統，判緩刑。非法贊助政治資金二千萬美元給總統候選人，只掀風波，沒被判刑。逃稅一億多美元，私設秘密帳戶約一千兩百個，拿公司錢去買股票牟利，把公司經營權違法移轉給兒子，背信被判三年有期徒刑，還是緩刑。最後，總統特赦。請他幫忙爭取二〇一八年冬季奧運。

第五富豪鄭夢九非法秘密籌資，和侵佔財團資金九百億韓圓，造成現代汽車集團損失兩千一百億韓圓，判刑三年。

第六富豪崔泰源作假帳，把盈餘灌水十二億美元，判刑四年。

第八財團「韓華集團」董事長金升淵，兒子被打，親率保鏢報仇。

第二十三富豪鄭夢準，是二〇〇二年世界盃足球賽的國際足總副主席。世界盃在釜山舉行，南韓進入前四強，引起裁判「吹黑哨風波」。二〇一四年，鄭夢準競選首爾市長，被問起當年，是不是賄賂裁判？他說：「如果我有這樣的能力，為什麼不呢？」南韓財團就是這麼敢做敢當。壞事先幹再講。

鄭夢準二〇一二年爭取黨內總統提名，敗給朴槿惠。二〇一四年競選首爾市長敗給朴元淳。不知是否要完成父親大願？鄭周永曾組黨競選總統，低票落選。被政府追殺，查帳查稅，抽銀根。更因非法動用公司資源和基金競選，遭到傳訊。五子鄭夢憲和兩百多名競選幹部入獄。棄子保父成功。

金宇中在大宇集團宣布破產後，逃亡海外。被依作假帳，詐欺等罪，判處有期徒刑八年半，追繳十七・九兆韓圓，約當四千七百多億新台幣。後來也被總統特赦。

總統五年，財團永遠。南韓財團不只影響國家政策，更是國家政策的主導者和決策者。蔚山市因現代集團而興，已經從南韓東南角落的漁村，成為人口超過百萬的廣域市。有東海南部線和京釜高速線經過。南韓本來就有條京釜線，從首爾，大田，大邱直下釜山。京釜高速線不走直線，反彎個大弧形，經新慶州，先到蔚山，再到釜山。想來是蔚山有得天獨厚的條件。蔚山還有「蔚山高速公路」連結「京釜高速公路」，和連結釜山的「蔚山釜山高速公路」，以及一座蔚山機場。南韓真是財團和繼承者的天堂。

蔚山原是捕鯨漁港，鯨魚博物館外停著當年的捕鯨船。

## 23 職業運動　財團掌控

太和江由西向東橫貫蔚山市中心，注入蔚山灣。一眼望去，河畔都是一棟棟新高層建築。河流和綠樹以及高樓建築，宛如台灣的建設公司推案時的模型示意圖。河曲處開闢出十六公頃的太和江大公園，種植花草和竹林。走在平野處，見不到什麼大樹，開闊舒服。大公園二〇一一年開闢。約是羅東運動公園的三分之一。

太和江大公園在江北。蔚山大公園和蔚山體育公園在江南。蔚山大公園約三百六十四公頃，是台北市大安森林公園的十四倍大。選蔚山體育公園走一圈。

體育公園的主設施是「蔚山文殊足球場」。因南韓和日本合作主辦二〇〇二世界盃而建。球場建在「玉洞水庫」旁。雕刻成鯨魚骨模樣的鋼架，構成仿新羅王冠造型，被稱為「世界足球界的寶石」。球場能有水庫相伴，等級自屬帝王。

二〇〇二世界盃足球賽，南韓興建十個國際標準足球場。觀眾容納量超過六萬的兩個，五萬的兩個，四萬多的六個。由北到南。連濟州都有一個。十個球場總投資約兩兆韓圓，交通設施還沒計算。國庫買單，財團標工程。世界盃結束後，十個國際標準足球場怎麼維護和維修？最後全都成為南韓職業足球隊的主場。

南韓職業足球也是財團版圖。二〇一五年十二支球隊進入「經典K聯賽」。經典K聯賽是一軍，「挑戰K聯賽」是二軍。

「全北現代」排首席，屬於現代汽車。

「水原三星藍翼」第二，三星電子所有。

「首爾足球俱樂部」第三，老闆是GS集團。

「浦項製鐵」第四，浦項集團擁有。

「濟州聯」第五，屬於SK集團。

「蔚山現代老虎」第六，屬於現代家族。

「釜山I Park」第八，老闆是「現代開發」。

「全南天龍」第七，「仁川聯」第十，「大田市民」十一，都是公開釋股。「城南足球俱樂部」第九，原屬統一教，改由城南市政府接手。「光州尚武」十二，由正在服兩年義務役的職業足球員組成。南韓人連踢足球都踢不贏財團。

太和江畔的高樓建築林立。

蔚山文殊足球場就建在水庫邊。

打職棒如何？十支一軍球隊，全是財團冠名。三星獅，SK飛龍，LG雙星，起亞虎，斗山熊。耐克森英雄，耐克森是南韓輪胎大集團。韓火鷹，老闆是韓華集團。KT巫師，屬於民營化的韓國電訊。羅德巨人就是樂天巨人。NC恐龍隸屬NC soft，是南韓網路遊戲跨國公司，一個新興集團。

南韓財團擁有職業棒球隊和足球俱樂部，大力贊助國際運動比賽，是整合行銷的策略性工具。運動的主力愛好者是年輕人，和廣大勞工階層。強化品牌延伸性。台灣財團缺少品牌的廣大流通性。代工業和石化業志不在終端消費者。房地產業只需要買業配。只剩食品飲料業，電腦業和金融業贊助球賽比較適配。

這就是台韓富豪產業的最大不同。台灣富豪通常比較專注本業，喜歡做水牛，專耕一畝田，不喜歡當蜈蚣。犁田有成，快買土地。房地產致富，再成新本業。

二〇一五「全球十億美元富豪排行榜」，台灣富豪上榜三十三位。可以觀察幾點。第一個觀察點，台灣兩位大地王，宏泰集團林堉璘和聯邦集團林榮三，排名大幅躍進。林堉璘六十一億美元，台灣第三富豪，全球兩百五十九名。第五富豪林榮三，四十二億美元，全球三百九十三名。他們的財富大增，得利於房地產飆漲。

第二個觀察點，台灣首富旺旺蔡衍明，八十九億美元，全球排名一百四十七。二富鴻海郭台銘，六十一億美元，全球排名兩百四十。他們都因中國工廠或市場致富，或兩者兼而有之。這是榜上二分之一的台灣富豪們的最大公約數。

第三個觀察點，台灣上榜富豪比南韓富豪多，百億美元身價的沒有。南韓富豪集中在幾個大財團，台灣富豪相對分散。

第四個觀察點，台灣白手起家的第一代創業家比繼承者多。創業家約佔約四分之三，繼承者和繼承再發展的共占約四分之一。南韓是繼承者王國，台灣是被繼承者國度。

第五個觀察點，兩位榜上的台灣富豪常客，突然從此消失。七十六億美元的富邦集團蔡萬才，和三十一億美元的台塑集團王永在，都已在二〇一四年別世。這也是榜上台灣富豪增多的其中一個因素。

第六個觀察點，第一代創業家普遍年紀已高。計算到二〇一五年，台灣第四富豪正新輪胎羅結，九十歲。第十八富豪長榮集團張榮發，八十八歲。第二十富豪鄭信義，和第二十二富豪林書鴻，都是八十七歲。兩位都是台灣第二大石化集團，長春化工創辦人。排第三位的林堉璘和第二十三位的台達電鄭崇華，以及第二十六的陳永泰，都是七十九歲。震旦集團陳永泰是辦公事務機器起家。林榮三也已經七十六歲。

未來十年，台灣會從被繼承者國度，邁進繼承者社會。富豪和平民舉世皆有。只能期待台灣富豪能新人輩出。畢竟被繼承者多於繼承者，才是社會之福。

二〇一四年的台灣，顯得生機蓬勃。地方六都選舉中，第一代政治創業家，在五都擊敗廣義的政治繼承者。只有一都勉強由政治繼承者守住。政治創業家對企業創業家具有很大激勵作用。催化企業創業家是政治創業家的職責。

# 24 南韓的重工版圖

蔚山是南韓的重工首都。主要由現代汽車和現代重工構成。產業觀光是主打的旅遊主題。簡介上營造一種世界最大的壯觀景象。現代汽車宣傳重點是：全球規模最大的單一工廠，年產量一百六十萬台汽車，平均每天生產五千六百台。天天都有一萬多台汽車排在專用碼頭，形成一道獨特的風景線。

南韓的「冠軍行銷術」無所不在。根據二〇一四富比士全球五百大，世界十大汽車公司依序是：德國福斯，日本豐田，德國戴姆勒，美國通用，義大利 EXOR 集團，美國福特，日本本田，日本日產，德國寶馬，上海汽車集團。德國戴姆勒就是賓士的控股公司。義大利 EXOR 集團擁有飛雅特，法拉利，阿法羅密歐，瑪莎拉蒂等約十個汽車品牌。

現代汽車排名全球第十一，年營業額約八百億美元。德國戴姆勒一千五百六十六億美元。日本豐田兩千五百六十四億美元。福斯兩千六百多億美元。

現代重工宣傳是：全世界最大的造船公司，產量占全世界造船量十五%。根據「造船海洋日刊」到二〇一五年一月底統計造船訂單總噸數，現代重工是全球第一大造船集團。第二「大宇造船海洋」，第四「三星重工」，第五「現代尾浦」，第六「ＳＴＸ造船海洋」。全球十大造船集團，南韓占五席。

日本兩席。「今治造船」第三，「日本海事聯合造船」第七。後三席都是中國造船集團。「揚子江造船」第八，「外高橋造船」第九，「滬東中華造船」第十。

以國家分。中國第一，四千四百八十萬噸。南韓第二，三千兩百八十萬噸。日本第三，一千九百九十萬噸。全球造船市佔率已被中日韓三國壟斷。中國三十九%，南韓二十九%，日本十七%。總計八十五%。其他十五%，全世界其他國家瓜分。按訂單金額計算，南韓第一，約一千億美元。中國第二，近九百億美元。日本第三，約三百六十億美元。

造船業全球版圖快速變動中。明顯的趨勢是南韓已經超越日本，中國後來居上，已經或將全面成為世

一南韓大小車都是國產車為主。

界造船第一大國。

南韓的重工發展，面對中國競爭。無論是汽車或造船，最需要鋼鐵。根據「國際鋼鐵協會」截至二〇一三年年底統計，世界前三十大鋼鐵公司，中國占十四家。日本「新日鐵住金」全球第二，JFE排名第十。南韓「浦項製鐵」第六，「現代鋼鐵」第十八。台灣中鋼二十四。南韓的重工競爭優勢，在中國國防和商用需求全面提升下，空前壓力已經降臨。

台灣的重工國際競爭力，受限於企業資本規模和產業腹地，無法和中日韓競爭。中韓平價取量，日本精緻，台灣小巧，四種不同風格路線。根據《Show Boat International》雜誌統計，二〇一五年台灣遊艇製造訂單，連續三年亞洲第一，世界第六。

起亞巴士。（上）
大巴小巴消防車也國產當家。（下）

台灣經濟體小，財團難比大。相反地說，像三星那樣的財團，就足以把台灣全吞下。財團坐大，將是台灣災難。具有國際競爭力的高產值產業當然重要。巧取國家資源，榨取協力廠商和勞工血汗的財團，當立法設下嚴謹的幸福經濟防線。

具競爭優勢的中小企業失去，才是台灣真正的產業危機。面對低價競爭策略，台灣遊艇製造業其實處境艱難。政府和業者，甚至全民都當有排除萬難的策略雄心。這也牽涉法制改進，台灣很多人有能力買遊艇，卻沒地方可停。這是國際大笑話。

想起澎湖。超過半世紀的徒勞，就業人口外流高達九十％，全台第一。澎湖發展觀光只有繼續死路一條。澎湖群島總面積只約濟州島十五分之一，約帛琉四分之一，比關島的四分之一還小。這樣的營業面積，缺乏經濟規模和競爭力。更致命的，東北季風使得地處溫帶的澎湖，半年如冬。觀光只能做半年，連一家遊覽車公司都養不活。

二十一世紀，澎湖再搞個博奕。「離島建設條例」修正通過。擺脫鳥籠公投法綑綁，公民投票只要實際有效票過半數，就算通過。真傷感情。為什麼台灣本島不要的賭場，可以到離島？產業議題和政治議題糾纏不清。澎湖開賭場和澳門相比，國際競爭力在哪裡？

澎湖總算進行博奕公投。投票率約四十三％，贊成開賭場的約四十四％，反對的約五十六％。絕對地看，不論贊成或反對的都不到二十五％。沒有參與投票的將近六成人口，選擇事不關己，聽天由命。

澎湖跨海大橋成為新的選舉議題。沒有需要頻繁運輸的產業，蓋大橋幹什麼？發展觀光？悲觀看，半年封橋。樂觀看，夏季遊客進入澎湖，塞成一團。總體看，澎湖海洋旅遊觀光，不比本島更具優勢。夏季旅客也只是從台灣別處轉移過去，不具有開發更大量觀光客潛力。

澎湖主島離台灣不遠，距離嘉義布袋港約八十公里，距高雄港約一百三十七公里，蓋跨海大橋的資金和技術都不成問題。只是得先務實研究，主體產業和台灣本島的替代性和競爭力。成為台灣遊艇產業中心和海洋載具研發中心，是不是可行？不知道。真希望能看到幾個有關澎湖的深度產業研究。

台灣的總統除競選和助選外，有誰到過澎湖住上幾天？一個九成就業人口外流的地方，是沒救了，還是不想救？

## 25 國際新主流　幸福評價

「唯經濟論」和「唯GDP論」的二十世紀國富主流評價系統，已在人類文明的發展中退潮。治國者的核心價值守舊，才是台灣進步的最大障礙。南韓在台灣引起過度爭論，就是來自這種背景，以及基於選舉利益的選擇性操弄。掩蓋事實真相，當然難以產生積極性對話。

即使仍以GDP掛帥的舊思維，南韓的總體經濟和台灣只是不分上下。根據「國際貨幣基金組織」二〇一三年的報告。美國的GDP世界第一。中國第二。日本第三。南韓十四。台灣二十七。GDP和人口有密切關係，只能反映經濟體規模，不能反映國家貧富。這只是簡單常識。

南韓人口超過五千萬，台灣人口不到二千四百萬。不需要拿南韓是全球第十四大經濟體，已經晉身「二十~五十俱樂部」來嚇自己。二十是人均GDP二十千，兩萬美元。五十是五十百萬，五千萬人。千和百萬都是歐美計算單位。南韓面積將近台灣三倍，台灣人口要增長到五千萬，恐怕上千萬台灣人會想移民或跳海。

國富看人均ＧＤＰ。美國世界第九。中國世界八十二。一個大而富，一個大而窮。日本世界二十四。南韓世界二十九。台灣世界三十八。

國民生活水準看人均ＰＰＰ。經過物價換算，台日韓三國財富排序出現反轉。台灣約四萬二千美元，世界二十二。日本約三萬七千美元，世界二十七。南韓約三萬四千美元，世界三十。中國約一萬二千美元，世界八十九。南韓的人均ＰＰＰ，幾十年來就不曾超過台灣。

總之，用舊標準相比，台韓其實差不太多。真正的重點不在這裡。好比說，領四萬薪資的比領兩萬五的，當然好太多。一個有餘，一個不足。但領六萬薪資的比領四萬五薪資的，領十萬薪資的比領八萬五薪資的，誰就一定比較

—市場飲食攤位女性當家。

路邊攤女性當家。（上）
西瓜香瓜女攤主。（下）

幸福？這不是月薪差一兩萬，能夠分別的。

人類社會固然窮國還很多，但相對先進國家，經濟都已經發達到相當程度。比誰多三千五千美元，意義不大。二十一世紀國民評價系統的新主流是「幸福評價」。

聯合國和不同研究機構合作，推出兩個幸福評價系統。「更好生活指數」（Better Life index）和「世界幸福報告」（World Happiness Report）。更好生活指數也有譯成「美好生活指數」。根據這兩個評價系統，可以明確發現典範國家轉移中。

美好生活指數只針對ＯＥＣＤ的三十四個會員國和兩個伙伴國，共三十六國，進行調查研究排名。台灣和中國都不是ＯＥＣＤ會員國，沒加入這評價計畫。世界幸福報告的評價對象包括中國和台灣等一百五十六個國家和地區。

賣雞蛋糕女攤主。（右）
還是女性當攤。（左）

如果把美好生活指數的被評價國，分成ABCDEF六等分，每組六名。A組六國依序是：瑞典，澳洲，加拿大，挪威，瑞士，美國。日本屬於D組，排名二十二。南韓名列E組，排名二十八。

同樣把世界幸福報告的被評價經濟體，分成ABCDEF六班，每班二十六名。A班前六名是：丹麥，挪威，瑞士，荷蘭，瑞典，加拿大。台日韓都在幸福B班。南韓四十一，台灣四十二，日本四十三。就這麼同班同學。

同時名列二〇一三年世界幸福報告和美好生活指數前六名的國家，總共四個：挪威，瑞典，瑞士，加拿大。這四個標竿國家標舉著二十一世紀，人類從經濟競賽，已經轉向幸福大作戰。

排名只是某些指標下的計量統計，不足以反映特殊個案的真正品質。南韓是個特殊個案。十大財團占GDP八十五%，雇用多少勞工呢？看過幾個不同數據，最低的約三%。彭博新聞報導的最高，十三%。姑且以最高的為準，南韓高達八十七%的人，受雇於政府和中小企業。南韓的中小企業不像台灣中小企業活力旺盛。大財團壟斷下，企業平均壽命只有三到五年。現在，南韓年輕人創業漸多。好消息。壞消息是穩定的工作不好找。

南韓的女性勞動參與率低於五十%。兩個女性勞動人口不到一個人有工作。有工作的女性中，派遣工一直超過四十%。簡單換算，真正有正職的女性勞工，只約二十%。每五個人只有一個。南韓公司嫌棄女性，節省成本為重。女性得有產假，育嬰假。下班時間一到就得趕回家。一個被財團這樣宰制和算計的社會，可能幸福嗎？

# 26 南韓日本病　台灣英國病

南韓的「日本病」已經深重。台灣還只是「英國病」的初期患者。一九七〇年代「列島改造論」，主導日本經濟建設。從封建時代過渡到明治維新後的財閥階級，更是如魚得水。標工程炒房地產，產業結構變得更不合理。財團最大化，鉅額國債，薪資換算物價實質倒退。日本經濟失落二十年。全世界的經濟學家至今仍找不到日本病的解藥。南韓「朝鮮日報」慨嘆：「我們終於也患了日本病。」

英國病有三個主結構，「發展優先」和「投資國外過度」，以及「福利收買」。發展優先造成壓制勞工和破壞環境。勞工意識和環保意識興起，資本家轉到殖民地投資，比較穩賺和享受。資本和產業外移，失業嚴重，民怨高張，就用福利政策收買選票。到底在說英國還是台灣，我也糊塗。當年英國有日不落殖民地，台灣有宛如殖民地的中國。不過台灣沒有英國根深蒂固的貴族階級，而且中國不再當殖民地，反過頭來當惡房東。或許這正讓台灣的英國病還有救。

台灣的國家領導人還迷戀GDP，鼓勵大企業繼續往東南亞走。二〇一四年台灣製造業產值，約六十%在境外產出。小台灣染上大英國病。能否治癒還未可知。確定的是，國會長達七十年被一黨把持，是造成大病的根本因素。長期經濟至上，財團優先的國會結構和性格若無法打破，台灣終將成為英國病長期患者。英國病的社會病徵是，國民對國家和政府以及政客都失去信心。外國的正反面案例都可以拿來消遣本國。別國能，我們為什麼不能？別國爛，我們更爛。台灣需要開放又有遠見的國會和媒體。

二十世紀的國際產業分工，正走進歷史。國國業業都在追求一條龍的生產模式。除創新和發明較難外，什麼都要會做。GDP思維恐怕會讓台灣成為失去信心的軟弱國度。回歸人類追求幸福的本質，生活大國可能才是台灣的真正出路。台灣氣候溫和，風景美麗，農產豐富，社會開放自由，產業基礎和公共基礎設施都算良好，人民溫暖勤奮，適合成就一個幸福國度。只要不走錯治國之路。

法政總統治國很好。任內台灣的憲政體制和法制，沒有明顯的開創性變革，就很糟糕。學者治國也很棒。只是由來已久，數量過多，近親繁殖。台灣學者治國體制，不是總統或院長是博士，或內閣閣員中博士特別多。中央和地方政府，一個小標案就要幾個學者評審。政府決策更是學者滿會議桌。沒有「中立客觀」的學者背書，決策沒官員敢做。台灣學者通常是聽命當權者，最不中立客觀的。這才是學者治國的要命所在。

國家需要學者，只是台灣學者通常在孤立的環境中養成。只要考好試，其他的都可以不用想，不用管，不會做。思考面缺乏策略性和創造性思考，執行面沒有速度感和節奏感，政府決策就這樣會拖很久，更缺乏開創性格局。

其實，學者對國家的貢獻本就不在一時一點，而是透過長期觀察和研究，提升全國甚至國際的理論和評論水平，掌握趨勢脈動，引導社會發展方向。學者是全民知識的最高幕僚，不是政府一夥。更不是習於做出討委託機構歡心的研究報告，期待下次申請補助容易通過。

產業基礎在技職。台灣要救技職教育，卻搞成天天努力讀書準備考試，外加一個「證照制度」。就這麼脫離產業現實。會不會綁鋼筋，做木匠，當廚師，美容美髮，修理電器，拆裝汽車或手機，哪需要看證照？來現場，快則三分鐘，慢則三小時，有什麼功夫，功夫到哪，馬上一清二楚。

技職教育的基本思維是，受過小學教育，甚至只會寫自己名字的人都能學得一技之長。人有基本本能，視障者不會選擇配電或修汽車。氣味過敏的不會選擇當美髮師。證照制度是風險控管，不是升學考試思維。升學思維下的技職教育就會造成補習考證照，需要的背熟，超出範圍的就不會。

技職教育體系的核心價值是，技術至上，知識為輔。實際操作是一切基本原則，知識和專業倫理都由此建立。

工藝師可能看不懂字，或看到字就煩。圖片一看，就知道怎麼做。廚師把整盤菜撥一

撥，聞味道就知道什麼料，怎麼理。背食譜是考記憶，不是考技藝。技術掛帥，筆試退位，才是正途。筆試就該像考駕照一樣，簡單易過，才不會搞成一分技術，九分背書。證照是技術認證，不是背書認證。

技職教育的最高精神是擺脫文字思維。台灣技職教育現場，通常就是被文字思維所惑所困，或所苦的。技職教育期待發現圖像思維或更多元思維，開發多元潛能。結果搞成還用文字思維主導。文字對非文字思維的人是種負擔。這可能是學者難以瞭解的。

技術是藝術的前身。沒有技術何來藝術？必定是技術純熟，完全能駕馭技術，甚至是已視技術如無物，技進階為藝。台灣最著名的雕刻家朱銘，就是從學雕刻廟宇和神像開始。

—濟州教育博物館。

南韓行意外愛上小博物館。濟州市「教育博物館」，展覽歷代學生用具，書籍，制服，便當盒，和校鐘。高中舉人的報喜隊伍和進京行列服裝，用模型做成。進京路線在大地圖模型上沿路亮燈。大田「法律博物館」，模擬製作法庭，拘留所，監獄囚房。展示各種司法和執法人員服裝。這都需要學術，工藝和科技結合。異業結合是創新的第一要素。

想起雲嘉南農業縣。用心做個當地農產小博物館，一定很棒。題材要多少有多少。研究世界各產地和特性，做出漂亮展示模型和世界產地地圖。西螺出西瓜和醬油。北港黑金剛土豆。土庫蒜頭和麻油。以後，我就可以帶孫子去西螺吃碗粿，看「世界沾醬博物館」。去北港吃水林蕃薯，看「世界眾神雕刻博物館」。祖孫遊台灣。嘉義東石吃蚵

大田法律博物館仿囚房實景。（上）

大田法律博物館仿法庭實景。（下）

仔，會壯陽，還有「蚵仔博物館」可以看。布袋看「虱目魚博物館」，怎麼養，賣哪裡去，怎麼料理？台灣哪些魚比較有市場競爭力？一路看一路吃，「處女蟳博物館」在台南七股。最後到玉井「芒果博物館」吃芒果冰。

還不想回家？太棒了，阿公再帶你去屏東東港看「黑鮪魚博物館」，瞭解「藍鰭金槍魚」在全球活動的地區和路線。然後再到林邊「黑珍珠蓮霧博物館」買黑珍珠，回家給你內外阿媽吃。孩子的在地情懷，國際視野，學術深度，工藝美學，從小就得培養。

技職發達，中小企業才能根深樹大。日本病和英國病的免疫力自會增強。

# 27 德國人最嫌韓

釜山是京釜高速線終點，南韓第二大城，人口三百六十萬。蔚山到釜山表定行車時間二十二分鐘，實際晚到九分鐘。兩位穿著背心的中年女士，在車站大廳發旅遊介紹。

「妳們是旅遊諮詢中心的嗎？」

「不是。我們是志工。」她們開心還帶點驕傲地說。

南部人比較熱情。台灣南部人都愛這麼說。

「不會啊。宜蘭人也很熱情。」Catherine 說。

大概是首都人比較為學業和功名競逐，或只是為生活忙碌。

釜山是日韓歷史上的往來門戶，是南韓最大商港。高雄港在一九九九年仍是全球第三大貨櫃港。兩千年被釜山追過。釜山第三，高雄第四。中國成為世界工廠和世界市場，釜山和高雄的排名都後退中。高雄港在二〇〇八年退出全球十大貨櫃港。釜山堅守十幾年的全球第五大貨櫃港，在二〇一四年終告失守，被中國寧波舟山港追過。

釜山是南韓最大商港。

（Shutterstock 提供）

一 釜山車站前。

二〇一四年全球十大貨櫃港依序是：上海，新加坡，深圳，香港，寧波舟山，釜山，青島，廣州，杜拜和天津。中國獨佔七席。曾經是世界最大的兩個貨櫃港，荷蘭鹿特丹早就退到十幾名，紐約已在二十名外。工業大國德國漢堡港，趨勢一樣向下，排在高雄港之後。

貨櫃港反映產業動能，國際產業版圖正在翻轉，台灣把南韓當競爭對手是誤判國際產業局勢。台灣和南韓繼續是難兄難弟，共同面對中國崛起的競爭。

釜山先去「APEC公園」。二〇〇五年亞太經合會在釜山舉行。黑色圓頂的會議館蓋在海灣邊岩盤上，建築具有現代美感，圓形黑屋頂透出韓國傳統。聯想起韓國古代帽子的黑色寬圓。APEC公園旁有個白色燈塔，順著海

（Shutterstock 提供）

APEC 館成為旅遊重要景點。

岸延伸，構成一條風景線。面對港灣的跨海大橋和對岸的高樓大廈，稱不上漂亮。

館內陳設簡單。主角是當年的大會議廳。座位分成三段弧形，各有小通道間隔。每段七個座位，共二十一國代表圍成圓，面向典雅的圓形大地毯。中國和中國香港坐隔壁，中華台北和新加坡比鄰。二十一位國家經濟領袖代表的照片和姓名以及簽名，正好排成三行在牆上。

「亞太經合會」是個開放性多邊論壇。會議結論對會員國或非會員國都沒有拘束力。二十一個會員國的GDP占全球六十%。國際情勢已非蘇聯解體前，各國往來方便，不必透過亞太經合會媒介。政經象徵大於實際效益。

釜山亞太經合會，台灣派出的代表，只有前行政院副院長和前經濟部長的資歷，算是「部長會議」層級。部長會議只是「領袖高峰會」的幕僚和準備層級。層級壓低，不知和中國對南韓的影響力是否有關係？

中國「以商圍政」「以民逼官」的政經策略施展於全球。商民其實同義，就是財團。南韓對中國的輸誠表現得最徹底。一九九二年台韓斷交，盧泰愚政府把台灣政府在南韓的二十億美元資產，全部無償交給中國，並限令台灣使館人員二十四小時內離境。違背邦交國道義的行為，引起台灣反韓情緒，也受到國際媒體譴責。斷交是各國的權利，南韓政府的處置卻宛如台韓兩國即將開戰。

台灣民間的「金車文教基金會」，幾次國際觀民意調查中，對台灣最不友善的國家，一直由中國蟬聯榜首。第二名不友善的國家，始終由南韓保持。調查的對象是高中生和大學生，只有約百分之五的受訪者認為南韓對台灣友善。

中國討台灣年輕人厭是天公地道，自取其辱。南韓惹毛台灣年輕人可能和運動關係比較重大。南韓人已經超越「為求勝利，不擇手段」，堂堂進入「輸要變贏」的神人境界。

南韓選手，教練和裁判在運動場上的惡行，基本上已經是國際公知，不特別針對哪一國選手。誰對上南韓，誰就可能倒楣。不良故事很多，如果都拍成韓劇，帶狀播出，保證至少可以播出好幾年。

二〇〇六年，台中市力行國小棒球隊參加南韓邀請賽。實力超強，初賽全勝。主辦單位做出力行國小少棒隊不能參加決賽的裁決。因為「冠軍盃要留在韓國」。這樣對待小朋友。

半世紀以來，南韓就以「愛國裁判」聞名。現在，南韓裁判智慧和功力全方位升級。實力強的對手，初賽就先做掉，決賽省些手腳。保齡球打輸，怕什麼？球道「機械故障」，比賽結束，獎牌自己留著。跆拳打輸，「護具不符規定」，取消贏家資格。電玩打輸，封鎖帳號。就這麼愛牌成癮，愛贏成癡。

一九八八年漢城奧運。輕量級拳擊賽，南韓選手對保加利亞選手。紐西蘭裁判裁決保加利亞獲勝。南韓裁判和官員一擁而上，把他圍毆超過半小時。打輸的南韓選手霸佔擂臺，場地不給比了。這要發生在先進國家，恐怕難善了。就社會人文水平，南韓還是落後國家，至少落後台灣二三十年之久。

南韓主辦過多次大型國際運動競賽。一次奧運，三次亞運，二次世大運，一次足球世界盃。二〇〇二亞運就在釜山舉行。台灣選手也被做掉幾個。南韓顯然認為獎牌數遠比國際形象重要。

國際賽會促進ＧＤＰ的如意算盤，近年被國際經濟學者拼命打臉。預算低估，效

益誇大。雅典奧運花費約一百五十億美元，約原預算八倍。北京奧運信誓旦旦花費不會超過雅典，最後總共花掉四百三十億美元。倫敦奧運原預算四十億美元，搞成一百四十五億美元收尾。俄羅斯索契冬季奧運原預算一百二十億美元，最後超過五百億美元總結。

雅典奧運開出希臘經濟崩潰惡果。北京奧運大會小賺十一億人民幣。四百三十億美元的公共建設沒回收。倫敦奧運沒帶給英國經濟成長。當年第三季 GDP 成長百分之零點二，前兩季衰退。國際賽會造成兩種消費排擠。非酷愛運動的外國觀光客，寧可避開人擠人。國內旅客和居民除非要看比賽，大都選擇當宅男宅女。

巴西世界盃最「盃劇」。巴西舉國動盪，各地城市示威遊行暴動。抗議政府花一百一十七億美元辦世界盃，不把錢用來解決貧窮。最後結算花掉近一百四十億美元。賽事期間消費場所生意大好。比賽結束後的三個月，外國遊客消費比前一年同期下降七·四%。這是巴西中央銀行公布的數字。

世界盃賺錢的不是主辦國，是國際足總。廣告贊助費，轉播費和門票收入都歸足總收。付掉轉播設施和球隊獎金，以及賽會的組織活動費用，就是足總的淨利，不必扣稅。足總從巴西賺走約二十億美元，從南韓日本世界盃賺走約十六億美元。南韓和日本都花掉約法國世界盃的三倍預算，觀眾人數卻比遇上亞洲金融風暴的法國世界盃還少。

投資和回收不成比例。

國際賽會的政府支出可能只是一次性GDP，缺乏連動生產性。寧可看成是國際慶典，屬於有錢國家的樂趣。大興工程增加短期GDP，對長期無益。可確定的，財團大賺，國庫大輸。

國際賽會的政治意義大於經濟利益。提升國譽才是核心價值。南韓主辦過很多國際大型活動，包括大田和麗水兩次世界博覽會。南韓的國際形象如何呢？英國國家廣播公司BBC在二〇一三年，調查二十四個國家對南韓的評價。德國人對南韓評價最差。負面看南韓的比例高達六十五%。約三個德國人就有兩位討厭南韓。最愛南韓的國家是印尼，正面評價南韓的有五十八%。大概跟印尼人大量到南韓工作有關。

BBC的「國家影響力」民意調查是個持續性計畫。二〇一〇年到二〇一一年，調查十六個國家的跨國評價。「最受歡迎」的是德國，滿意度六十二%。理由是德國經濟富裕，產品高品質，生活方式備受稱譽，國際形象傑出。

南韓在十六個國家中，排名十一。落後中國，南非和印度。領先俄羅斯，以色列，巴基斯坦，北韓和伊朗。

# 28 水營女孩

釜山是個老城，有六條地鐵，景點很多。海港老城難免帶點濕臭。基隆人或許能體會這意思。

「甘川文化村」座落在海邊小山坡，依坡而上。平房和兩三層建築居多，越近坡頂才有幾棟五六層。全村至少一兩百戶。所有房子屋頂和牆壁都漆上顏色。五顏六色很好看。主通道開著一家家小店。牆上彩繪漂亮。冷氣機和瓦斯桶間，一面淺藍色牆，黑衣黑髮白色指甲的女性臉部特寫，消除機械冰冷，散發人文柔美。年輕女人沈思中，看不出幸不幸福。鐵窗下一個少女，拿手機正在拍恐龍。

一條大魚由約兩百小塊不同魚類彩繪拼貼，色彩豐富，生動有趣。擺著實體休閒座椅的旁邊兩面牆，都是田園風光，渾然一體。虛擬實境在南韓廣受歡迎。大田參觀世博館時，導覽員就要我入境，拍個鏡頭。

｜釜山甘川文化村。（上與右頁圖）

「聯合國軍」墓園就在市區，紀念在韓戰中付出生命的聯合國軍成員。墓園一片青綠，維護用心。英軍和土耳其軍的墓園占地最廣。韓戰中，聯合國軍除美韓兩國外，英土兩軍陣亡人數最多。

墓園區旁是國旗區。支支大旗直立，排成方陣。聯和國軍由美國領軍，共有十六國軍隊援助南韓。十八面旗幟隨風飄揚。可能是十六國加上南韓和聯合國。旗幟飛揚，時開時合，看不清晰。

軍人右手抱女童，左手扶男童肩的全身立姿雕像，最醒目。座下刻著「我們將永遠不會忘記你們勇敢的兒子們」。

「釜山博物館」充滿台韓的共同歷史記憶。

釜山韓戰聯軍墓園。（右頁）
全世界最大的百貨公司，三層樓當高爾夫練習場。

釜山老車站就和台灣日據的老車站一個模樣。磚紅牆面，白色線條，青藍屋頂。歷史文件都是漢字書寫，字體真美。韓倭往來官道北從日本日光，經江戶，下關，對馬島，過海到釜山，再一路北上京城。沿線各城都亮燈顯示。

「新世界百貨」宣傳是「世界最大的百貨公司」。簡介總樓地板面積約八萬九千坪，紐約曼哈頓梅西百貨只約六萬坪出頭。幾個樓層隨意看看。再直上十樓運動俱樂部。有ＳＰＡ和俱樂部餐廳。樓面服務員說餐廳要事先訂位。大概類似五星級飯店的宴會廳樓層。

再上十一樓。十一樓到十四樓是高爾夫球練習場。只有兩個客人。大概還不到下班後時間。最遠距離是兩百碼，往前是一百五十碼和一百碼。看不出是實際距離，還是經過球飛角度，計算出來的虛擬實境。

建築面積和營業面積該怎麼算？一層樓或四層樓，還是頂樓加蓋？借多少才不算超貸？南韓真是醉心「冠軍行銷」。追求冠軍會帶來產業效益。這正是歐美國家設計排行榜的本意。但是，排行榜必須建立在學術發達，研究機構獨立，監督機制透明的社會基礎，才不會未蒙其利，破壞產業秩序。特別是像台灣這樣的經濟體，各種排行榜都能輕易操作，已經失去公信力，劣幣驅逐良幣。

樂天百貨和新世界百貨相鄰。SK集團和GS集團也是遍佈全國，兩集團都經營加油站。樂金集團蓋不少大樓。LG標誌就在大樓側牆頂端，加上編號。經過的一個大樓區，編號在二百二十號前後。我的天。

把住宿飯店名稱給計程車司機看。他說知道，在某某大學旁邊。司機說到了，放我在個熱鬧大路邊下車。四邊街道看看，都不熟悉。迷路一男人。

路邊很熱鬧。一個大女生在街道轉角發傳單，看來能幹。向她尋求路邊救援迷路歐吉桑。給她看旅館名稱和地址。她不知道。請我再搭一次計程車。傍晚將臨，萬一再被放點，只好進警察局。

救星出現。她的女同伴湊過來，瞭解同伴正被打擾的原因。說用手機查看看。很快就傳出振奮人心的消息。「找到了。」她說。兩人開始討論和搜尋我該坐地鐵到哪一站。再度報佳音，說該坐到哪站，還很遠。兩人都叮嚀我要在「書傭」轉車。韓語的「書傭」是什麼，就記成書僮的哥哥「書傭」。

地下鐵入口就在旁邊。難得遇到能幫上忙的人，就請她們帶我下去買票。又多來一個女生。三個看來都約十八歲前後，跟著我進地下鐵，指導我買好車票。感謝感謝再感謝，連三謝沒逗點。開心向三位南韓正妹道別。

閘門就離賣票處不遠。進閘門，一時記不起轉車點。突然，兩位正妹衝回來，向我大叫著「書傭書傭書傭」，同樣沒逗點。好正妹就是容易感動人。

—一個人住三張床。

進月台，仔細看看「書傭」是哪個站名。原來是「水營」Suyeong。車行第四站就是Suyeong。下車換線。坐四站到「蓮山」Yeonsan。出地鐵站，沒錯，我知道住在哪一間。

旅館在網路上標示三星。訂單人房給我一個三張床房間。兩張雙人床，一張單人床。這樣做生意。沒關係，沒給我半張床就行。房間網路連不上線，樂得清閒。「水營女孩」令我懷念。

（Shutterstock 提供）

## 第四篇

# 霸凌的南韓

南韓不只是舉國被財團吞噬，整個社會經濟體制、和國民習性，以及社會價值觀，都使南韓的霸凌文化牢不可破。

不只財團吃人，有產階級照吃無產階級不誤。

社會經濟是霸凌體制，社會文化更是霸凌處處。職場霸凌，家庭照樣。

# 29 抗日獨立總紀念

再會啦港都。京釜線列車北上，開往首爾。我先在天安/牙山站下車。兩天後再進入只有二十幾分鐘車程的首爾。釜山到此，表定行車兩小時出頭。

牙山市在西，天安市在東，兩市緊鄰。天安市大，牙山市小。車站在牙山。一站兩市名，人人都愛鄉。被北韓魚雷擊沈的「天安艦」，就是以天安命名。

天安是韓國「聖女貞德」柳寬順的故鄉。她是梨花學堂學生，十七歲在首爾參加獨立運動，是獨立宣言簽署人之一。她回天安主導獨立運動。父母在示威遊行中，遭到日警射殺。她被捕入獄判刑七年，在監受虐，十八歲死在獄中。

「獨立紀念館」是天安的旅遊主打。壯闊的紀念公園氣勢勝過光州518民主墓地。這是南韓對日抗爭史最完整的紀念公園。

環園道路兩旁草坪上，散立個個石碑。

「斷頭臺上 猶在春風 有身無國 豈無感想」漢諺對照。語出姜宇奎。他在一九一九年，六十四歲時，炸彈暗殺日本駐朝鮮總督齋藤實，沒有成功。造成日本軍警官員

天安市獨立紀念館。（右）
大韓帝國兩千萬同胞遺書。（左）

等三十七人傷亡。一九二〇年被處決。

「民族解放至上　國家獨立至上」

「完全自主獨立主張」

「亂賊人皆討　何需問古今」

「苟存至今　志在報國」

諸如此類。碑文標題用漢字刻寫。「少女柳寬順烈士祈願」的內容用諺文。「大韓帝國二千萬同胞遺書」替全韓同胞寫遺書，悲壯十足。

國債報償運動的發起文，在石碑上也加刻漢文翻譯。「今有國債一千三百萬圓，即我韓存亡之關係也。就使兩千萬人眾，限三個月，廢止南草吸煙，以其代金，每名下每朔二十錢式徵收，概等庶可為一千三百萬圓。鄙等敢此發起警函，繼之以血淚伏願。」

石碑造型個個不同。碑文還有另兩種調性。

「三均主義 政治 經濟 教育 均等制度 個人與個人 民族與民族 國家與國家互惠平等」

「為父母立身 為天地立心 為吾生立道 為斯民立種 為萬世立範」

「信義勇敢 務實力行」

石碑一一看過，只見標題，內文不懂。語出何人，或有標示。七館百碑快步走，兩小時。

韓國對日四大起義。一五九二年「壬辰倭亂起義軍」領銜。日本豐臣秀吉兩度興兵侵韓，朝鮮被佔領，義軍反抗，向大明求援。明軍奔馳解圍，日本戰敗，豐臣秀吉病亡。

第二次大起義。一八九四到一八九五年「東學農民運動」。全羅道農民起義被鎮壓，東學黨首領崔時亨接棒。清日爭奪朝鮮控制權白熱化，甲午戰爭爆發。東學黨再度聚眾二十萬人起義，被政府軍和日軍合力鎮壓弭平。同年四月，清國戰敗，簽訂清日馬關條約。朝鮮獨立，終結和大清宗藩關係。日本獨享朝鮮。

第三次大起義。日本併呑朝鮮時期。一九一九年三月一日，韓國獨立運動人士在首爾塔洞公園發表獨立宣言，籲請世界各國支持朝鮮獨立。各地民眾示威遊行響應，獨立浪潮洶湧朝鮮半島，引爆韓國近代最大規模的抗日行動。事件遭鎮壓平息。這是「三一運動」。「三一節」是南韓國定紀念假日。

第四次大起義。一九二九年「光州學生獨立運動」。三一運動失敗十年後，韓國人未全面臣服，抗日學生運動團體秘密結社。十一月三日，光州學生獨立運動爆發。五萬多名學生參加，約一千五百名被捕，近三千人被勒令退學，平息以終。十一月三日成為南韓「學生日」。二〇〇六年正式定名「學生獨立運動紀念日」。

柳寬順故居在天安市郊。教堂附近闢個小紀念公園。有座「殉國少女柳寬順烈士招魂墓奉安紀念碑」。她的殉國日會舉辦追慕儀式。

梨花學堂現在也是南韓女子最高學府，梨花女子大學。一次校內民調中，「來生不願當韓國人」的梨花大女生，居然超過百分之六十。從民族主義觀點，這兩個無干的事衝突性太強。從不滿時政的角度兩者顯得一致。

「有身無國，豈無感想？」有國家沒工作，感想如何？對進步主義者，有自由的地方就是祖國。免於匱乏和免於恐懼的地方才是故鄉。

# 30 父子同學喜相逢

父子終於在首爾見面，相擁問好。

「好玩嗎？」兒子好奇地問。

分享一路走過的地方，和所見所聞所想。

「這些地方你大概都沒興趣吧？」

「聽起來不太有趣。」他說。

「你賺到了，不必沿路做苦工。」

「是喔。」他笑著。

他很開心。兩位在英格蘭的同學，失聯十幾年後，已經在臉書重逢。他們都熱情表示，願意給我們父子需要的幫助。

感謝兒子和他的兩位南韓同學。首爾十天和過去二十天的旅情大不同。一路獨行，接觸到的是中下階層。首爾開始和社經地位比較中上的人們相處。兩位當地主的南韓年輕人都讓我喜歡，熱誠坦率。兒子照我的旅行習慣，跟同學表明，他們只能請一餐，其他的都由我付帳。他們幫忙找餐廳和訂位，最好還能找一兩個年輕朋友作陪。

首爾車站新（左）舊（右）站並聯。

兩位南韓青年都約三十歲，一位叫「結婚」，一位叫「冬山」。當然不是他們的漢文名，韓語發音記不住，只好自己音譯。我出生在宜蘭縣冬山鄉，這樣比較好記。不管結婚不結婚，記不住結婚，我可能就得去看醫生。

結婚和冬山是兩種不同性格典型。結婚的父母在越南設廠，他負責首爾公司的業務部門。年輕帥氣，一看就知道是韓國人的剛性模樣。冬山較柔和，具人文氣質。他會說些中國語。關鍵處，我們會再用中國語確認，避免溝通失誤。他父親從服務二十五年的大證券公司退休，在家投資股票。他自己創業，一位創業伙伴，另外有十一個員工。

通常白天我們父子自走景點，晚上大家見面。氣氛總是很棒。真感謝兒子和他們。就算故意精挑細選，也不見得能挑到兩個蠻有衝突趣味的南韓年輕人。

「你快樂嗎？」我問結婚，他已經結婚。

「我每天都要說謊才能度過。」他說。

冬山露出微笑。

「你快樂嗎？」問冬山。他單身，有女朋友。

「還可以。」說自己當老闆比較忙，自由時間不多。

冬山賣的是即將過期貨。主要是家用品和食物。沒門市，網路訂購和宅配。生意不錯，公司成立不久，還不穩定。

「這種生意只有你在做嗎？」

「有一些同行。」他說。

「主要客戶是哪些？」

「年輕人比較多。單身，家庭主婦也越來越多。」冬山說。

「怎麼看這消費現象？」

—迴轉方式很奇特。

收入少，錢不夠用。冬山認為南韓人愛面子，在外面要花的不能省，只能省家用。

「台灣說食衣住行，韓國人說衣食住行，是不是這樣說？」冬山問。他補充南韓人出門一定要光鮮亮麗。在外面愛用國貨，真正買得起的人，家裡都買外國家電。

「即將過期貨的重點不是即將過期，重點是便宜？」我請教他。這行我從沒接觸。

「是的，便宜。」

「所以，你賣的可能是真的即將過期貨，也可能是新產品？」

「是即將過期貨，沒賣新產品。」冬山篤定地說。

「如果即將過期貨生意好，供應商可能會把有效期標得就像即將過期。可能嗎？」

冬山說他不知道供應商會不會這樣做。

「新產品比即將過期貨成本低。產品做出來就能當即將過期貨賣掉，省掉庫存成本。東西其實一樣，只是正常市場標正常效期，廉價通路標縮短效期。」

「這樣聽起來有可能。」冬山說。

「如果是同樣品質，標示效期不同，價格不同，你覺得有問題嗎？」我問冬山。

「兩方面看。讓經濟能力差的人也能買到相同品質的產品，是好事。讓經濟能力好點的，用貴的價錢買到相同東西，好像有點欺騙。」他說。

「冬山不是南韓人。」結婚笑著，說南韓人不會想那麼多。但這正是他喜歡冬山的理由。

誠心相聚，吃飯有趣。

「可以告訴我，你公司的員工薪資嗎？」

「當然。」冬山毫不遲疑。

「可以說詳細嗎？」

「沒問題。」

他說，兩個月薪一百四十萬。八個一百六十萬。一個一百七十萬。最高的兩位兩百四十萬。

「最高的兩個是怎樣的條件？」

「我和我的創業伙伴。」

「最低的兩位，有沒有大學畢業？」

「全部的公司員工都大學畢業。」冬山說。

扣除兩位中小企業主。十一位員工平均薪資約一百五十五萬韓圓。約當四萬三千元新台幣。折算一．六倍到兩倍物價，約是新台幣兩萬二千元到兩萬七千元。

「這薪資在小公司算高還是低？」

「一般。」冬山說：「一百四十萬太少，有點難為情。是不是說難為情？」

我點頭。他說南韓年輕人有需要兩份工作的趨勢。白天做一份，晚上做一份。

每次相聚，就只問三兩個問題，英語加中國語。其他時間就聽年輕人全程說英語。年輕人在一起就是有趣，有說有笑。老人家們的話題通常離不開三種時間：睡覺，散步和吃藥。

# 31 華僑正妹的悲傷

結婚幫我介紹兩位南韓正妹。一位正妹是南韓人，一位是南韓華僑。南韓正妹約三十出頭，在大銀行上班，月薪約三千五百美元，已有六年工作經驗。她去美國留學一年後進到銀行。名片上的職務頭銜看來像是台灣的銀行理專。算是中高受薪階級，屬於統計數字上的百分之十三。

「算是高薪？」我問她。

她說比起大部分人是高薪。

「結婚以前薪水比我高。」她說。

結婚說，他以前在三星上班，月薪五千美元。可是，只幹一年，部門任務結束，馬上裁員。八十人裁掉三十五個。資淺的先裁。

「去美國做什麼？拿文憑？學英語？」我問她。

「沒拿文憑。」說出國就是資歷。南韓競爭太激烈，有國外經歷占優勢。但不能去太久，除非是公司外派。去太久會被懷疑對南韓的忠誠度。結婚補一槍，說南韓人就是愛富欺貧。能去美國就不是窮人，比較有能力。南韓正妹看來也有面試整型。在南韓找個好工作得先不惜血本。她和家人住一起。每個月可存兩千美元。

華僑正妹的中國語說得還可以，但顯然已非母語。華僑在南韓雖然沒有賤民階級那麼慘，卻是長期被國家和社會集體霸凌的邊緣族群。從日本統治韓國，準備侵華，有華人聚集的韓國大城市都發生過排華暴動。漢城鬧區的富有華人，財產被充公。留個身家性命，算是大幸。

認識幾位南韓華僑，至今拿的都還是中華民國護照。南韓只給他們居留證。華僑休想在南韓政府機構工作，連民間企業照樣封殺。過去只能開餐館，現在多個新職業，當導遊。

華僑正妹就讀中央大學翻譯學院，主修中國語。中大在南韓排名在六到八的大學。還有一年就畢業。

「畢業後希望薪資多少？」

「同學畢業的起薪大概是一百二十萬到一百四十萬。」她說。就算這樣的薪資，工作仍然不穩定。

「想繼續讀博士。」她說。

「讀博士想做什麼？」

「希望進大學當教授，比較有職業保障。」

「大學要教什麼？」

「中文翻譯。」

「會有多少待遇？」

「三百萬韓圓。」她說。

三百萬韓圓約當八萬三千新台幣，換算物價只約四五萬元新台幣。還得先讀個博士，簡直是賠本生意。

「華僑能到大學當教授嗎？」我問她。

「私立大學。比較沒名的大學。」她說。

「為什麼妳會讀中央大學？」

「爸爸是華僑，媽媽是韓國人。韓國願意接受我這種身份的好大學很少。」

「妳有韓國護照嗎？」

「沒有。我拿台灣的護照。」

她已經是華僑第三代，還是只能拿到南韓居留權，不是南韓公民。

她說得含蓄內斂。事實上，台灣的南韓華僑很多。我

地鐵出口 煙蒂不少，暗夜巷子內隨地大小便很多。（右）

在餐廳外送服務區內，路邊叫外送，吃完碗盤就留在原地，餐廳會來收。（左）

至少聽過這些說法：

「韓國人民族性很強，利益只給自己，不會給外國人。」

「華僑就是外國人。連身份證都不給。」

南韓森嚴排外，長期欺壓華僑。

華僑能到台灣讀大學是幸運。畢業後，許多人選擇留在台灣。在台灣賣南韓服飾，美妝產品的，南韓華僑居多。認識一位台灣大學法律系畢業的南韓華僑，她正在準備參加台灣司法官特考。

「以後萬一被您審問，要對我好一點。」

她笑嘻嘻地說，不會啦。

問起華僑正妹在中央大學的生活開支。首都物價會不會很高？

「學校宿舍兩人房一人一百三十二萬韓圓，住不起。住四人房，每人八十萬韓圓。」

「生活費要多少？」

「每個月四十萬，吃飯，交通費和手機費用，有時吃個點心。」

八十萬加四十萬等於一百二十萬。一個首都的大學女生住宿舍，最基本的開銷就相當她畢業後的可能起薪。還不包括學費。

「寒暑假住哪裡？」

「寒暑假不能住學校，要自己在外面租房子。」

「便宜的房租要多少？」

「單身套房房租和水電，一個月要六十萬韓圓。」

「生活費呢？」

「最省也要五十萬韓圓。」

「一個月要一百一十萬韓圓。寒暑假四個月，四五百萬韓圓。妳打工嗎？」

「沒有。我回釜山和父母住。」

「畢業後想出國嗎？」

「媽媽希望我一定要離開韓國。不要走上她的路。爸爸尊重我的選擇。」

大半年後，我們在台灣重逢。她變得好漂亮。化上妝，豔光照人。想來，她已經完成面試整容，放棄博士夢，想到台灣找個小生意做。

## 32 傳貰月貰　經濟霸凌

薪資的高落差造成南韓年輕人，想進十大財團的旺盛企圖，特別是進三星。首爾，高麗和延世三所大學合稱ＳＫＹ。進這三所才有天空，進不了就打入人生敗部。工科還有韓國科學技術院和浦項工科大學兩所，也是熱門。

南韓青年考上大學繼續補習。補到考進三星或十大財團為止。三星集團的徵人招考，全世界十幾萬人同時在近九十個考場進行。首爾考場四周交通管制，父母陪孩子應試。光是ＳＫＹ畢業只具備應考資格。考上好大學還得繼續準備三星考試，熟悉三星會出哪類題目。

財團把南韓菁英磁吸而得。到底是財團在養南韓，還是南韓國民在養財團？最後錢到何處，或許是解答。國債和外債如此深重，民間消費疲弱，財團富可敵國。國家經濟結構完全向財團傾斜，失去平衡。

朴槿惠競選總統，打著「民生總統」大旗，對選民溫情呼喚「十個孩子都要吃飽」。

補習班是南韓的大產業。

窮苦時期，只要十個孩子都能吃飽穿暖，就很幸福。現在，十個孩子都要吃飽，已經涉及社會公平正義。

朴槿惠總統就任後，宣示「與民同在」。強調要節制財團的惡質經營行為。道德勸說財團縮短工時，讓勞工變相加薪。限制派遣工的高比例，讓勞工有穩定工作。但對她父親朴正熙創造「漢江奇蹟」所打下的經濟體制和結構，完全無法做結構性改革。

南韓不只是舉國被財團吞噬，整個社會經濟體制，和國民習性，以及社會價值觀，都使南韓的霸凌文化牢不可破。不只財團吃人，有產階級照吃無產階級不誤。

「傳貰」是南韓獨特的租房方式。房地產看好時，傳貰金額約是房價的六七成。房地產不好時，降到房價的一半到四分之一。想一想，台北市的房子平均一間兩千萬新台幣。先付一千兩百萬到一千四百萬現金才租給您。景氣壞時，也要一千萬或五百萬。租房子要付房價六七成的傳貰，不會自己買嗎？不會。租屋人通常就不是有錢人。

首爾是抗議首都，朴元淳市長歡迎大家來抗議。

付光現金，還要繳貸款利息，壓力太大。房子不一定增值。萬一跌價，拿什麼還銀行？南韓房價暴跌和飆漲都有人自殺。跌時有產階級重傷，漲時無產階級連租都租不起。

「月貰」因應而生。月貰不是台灣的月租。冬山向我舉實例。他家過去有間單身小套房，八坪多，價值一億三千萬韓圓，約新台幣三百七十萬。傳貰收八千萬韓圓。得捧上兩百多萬新台幣才租得到一間單身小套房。月貰收一千萬韓圓，每月再收七十萬韓圓。簡單說，租間小套房要先付租金十五個月。十四個月的房租當月貰，和第一個月的房租。

小套房在房價高點已脫手，換買一間四十五坪的住宅出租。房價十一億韓圓，傳貰六億韓圓。在台北租間四十五坪房子，得先有一千六百萬現金新台幣給房東。我也想當南韓房東。

結婚幫我約好隔天去拜訪「江南區」的一家房仲公司。假買房真詢價。仲介推薦我三個標的物，其中一間大坪數的是六層樓的三樓。八十五坪中古辦公室，二十三億韓圓。約新台幣六千六百萬。

一家電品牌LG集團蓋的住宅大樓。

請問房仲。委託出租什麼價錢可以租得出去？她說，月貰比較容易租出。月貰能收五千萬到一億韓圓。每個月再收租金五百五十萬韓圓。房價租金比高達四百多。房價高估約一倍，完全沒有投資價值。房價租金比在兩百以下才具有投資潛力。首爾江南區房價，已從炒翻到泡沫。不知多少人被財團炒房弄到家破人亡？

根據南韓「財閥網」二〇一四年八月發佈的統計，漢江以南的「江南三區」：江南區，松坡區和瑞草區的房地產大戶都是大財團。三星第一，四十四塊地和二十棟大樓，價值十三兆韓圓。樂天第二，價值十兆韓圓。樂天在江南正興建一百二十三層大樓，預計二〇一六年完工，這是南韓最高大樓。第三「新世界」，價值約四兆。第四「現代汽車」，價值約兩兆。第五「高盛」價值一兆三千萬。這五大在江南的房地產總值就約三十兆韓圓。

冬山家還有間十二三坪的大樓房子租人。月貰三萬美元，每個月付一千兩百美元。不要懷疑，身上沒個百萬現金新台幣，在南韓租什麼房啊？

# 33 我跟你很熟嗎？

社會經濟是霸凌體制，社會文化更是霸凌處處。虎爸虎媽和獅長的嚴酷體罰，在南韓不新鮮。幼稚園女老師把四五歲稚童，掌打腳踢，踹在地上。現場鏡頭播在電視上。

光州一所特殊教育學校的教職員，長期對殘障學生性暴力和虐待。被揭發後，校長和兩位相關教職員被法院判刑。繼續在校任職，官師相護。事件爆發多年後被拍成電影，再度引起全國關注。重啟調查。最後四十名涉案教職員被起訴。共犯結構如此壯大，如何改革？

順天一所高中的一位三年級男生，遲到被班導命令用頭撞牆。十幾個小時後昏倒腦死。班導承認體罰，否認體罰和腦死有關。

朴槿惠總統上台，宣示要解決南韓「四大惡行」。校園霸凌就是其中之一。根據各市道教育廳報告，南韓中小學生被暴力加害的人數直線上升。二〇一〇年不到二萬名。二〇一一年約二萬七千名。二〇一二年，三萬八千多名。三年快倍增。

二〇一三年，南韓教育部進行學校暴力調查，受調者中四十八%的學生，約七萬七千人曾被霸凌。校園暴力舉報電話從二〇一二年八萬多件，暴增到二〇一三年十萬多件。

霸凌不只是小孩不懂事的眾多個案，而是南韓社會的集體情結。陸軍士官學校一位學長強姦學妹。事後，學校宣布嚴格執行三禁令：禁止結婚，抽煙和喝酒。好像性經驗和菸酒才是強暴的最大關係人。海軍士校發行「女性和異性關係指導手冊」，強烈建議女學生只能化淡妝。指甲油無色透明，口紅淡色。嚴禁使用濃郁香水。內衣不得有損學生尊嚴。女兵變成強姦案的引誘人。

二〇一四年，釜山空軍士官學校把畢業生最高榮譽的總統獎章，頒給第二名的畢業生。因為第二名的畢業生身體素質和領導能力，都比第一名優秀。猜到原因沒？第一名是女生。

—南韓第一位太空人是女太空人，逃離霸凌。

南韓第一位太空人，也是南韓唯一女太空人李炤燕。贏過三萬六千名競爭者，成為太空人候選第二名。經過兩年訓練，李炤燕在俄羅斯太空船發射前一個月，才成為最終人選。不是男女平權，而是第一順位的男候選人一再出狀況。事關俄韓合作，不得不讓南韓女人率先進太空。

二〇一二年，李炤燕從航天研究院辭職，前往美國。南韓嘩然。指她花掉約兩千七百億韓圓，竟然不顧國家栽培，斬斷南韓航天情緣。

李炤燕據說嫁給韓裔美國人，成為美國公民。

政府機構如此，民間體系依然。男性勞動參與率七成，女性勞動參與率不超過五成。根據南韓營收前二十名的非金融企業提交的事業報告分析結果，除ＳＫ外，其他十九家大企業，男職員的平均薪資是女職員的一點五倍。同工不同酬。

—這種無法錯車的停車空間要怎麼喬才好。

社會各角落如此，吸睛的韓星也不免。南韓藝人和經紀公司的合約內情一再曝光。總得在離開公司，或看破星路才敢吭聲。經紀公司禁止旗下藝人戀愛。不只「禁愛令」，連性生活都要向公司呈報，列入控管，以免投資泡湯。懷孕和墮胎更不得隱瞞。種種讓藝人沒隱私，沒尊嚴的合約條文，被稱為「奴隸條款」。

奴隸條款當然是買方市場。南韓三大娛樂經紀都是上市公司。二〇一三年營業額，ＳＭ約新台幣四十五億。ＹＧ約三十億新台幣。ＪＹＰ約五億新台幣。ＳＭ和ＹＧ的兩位總裁都名列南韓四百大富豪排行榜。

職場這樣霸凌，家庭更慘。長媳是神。什麼都要做，什麼都要會。其他媳婦失敬失禮，就是長媳做壞榜樣，和失職沒好好督導調教。現代社會，孩子結婚獨立門戶。家中大門和房間鑰匙配好一套，恭敬交給婆婆，歡迎隨時蒞臨指教。科技進步，新蓋的房子用號碼鎖。不必交鑰匙，還是要把號碼寫清楚給婆婆。媳婦終於熬成婆。婆婆如此待我，我就這般對媳婦。尊重傳統。

想起旅韓前認識的一位近四十歲南韓人。他個子小，移居台灣近十年。

「我跟你很熟嗎？」他一再強調這句話。

在台灣，這是好朋友間的玩笑話。既然跟你這麼熟，你的要求或過份，就只好吞下。

偶而就會聽到兩個大兒子跟他小弟說這句話。在南韓的意思是：我三年級，你二年級。我進公司一年，你才是三個月新手。我入伍半年，你是剛進來的菜鳥。少跟我裝熟，沒大沒小，應嘴應舌。

「我跟你很熟嗎？」在南韓不是開玩笑。

# 34 麻浦大橋

父子結伴而行，首爾和鄰近重要景點大致看過。安山市在京畿道，首爾西南方，地鐵可達。各類人種聚集。街面手機行，換鈔處都貼著幾十面各國國旗，包括青天白日滿地紅。露天市場地盤大概已被中國人佔領。到處都可聽到中國語。

南怡島在東邊江原道，搭地鐵京春線，到加平下車。碼頭前就是「南怡共和國」入境處，排隊買票入境，上船。大開眼界。青天白日滿地紅一面又一面，掛在樹和樹間。掛最多面國旗的是中國和台灣。南怡島是韓劇拍攝重要景點，遊客排隊和「冬季戀歌」男女主角雕像合影。看來韓劇統一中台兩國。

京春線火車前進終點春川市，江原道首府。「衣索匹亞戰爭紀念館」紀念這非洲國家，出兵參加韓戰。觀眾都是老人，和南怡島青春氣息截然不同。

來回火車上乘客不多。車廂中有小販走動兜售。有乘客把鞋子脫掉擺地上。問兒子什麼印象最深刻？「這輩子從來沒看過這麼多老人。」他說。年輕人對老人比較敏感。老人家互看只覺年紀相仿。

南韓老人問題很嚴重。「經濟學人」用「貧窮靈魂」報導。南韓六十五歲以上的老人，

—青天白日滿地紅在南怡共和國最受歡迎。

自殺率是全球老人中最高，是OECD國家平均值的三倍。「華盛頓郵報」報導，即使在鄉村地區，和子女同住的南韓老人也只有五分之一。首爾到處可見彎腰的拾荒老人。新世代認為有責任奉養父母的只有三十七%。

幾天前在「狹鷗亭」地鐵站出口，看見一幕捶心場景。一位五十來歲的男子俯弓身體，佔據樓梯大半邊。一直把雙手和頭往前伸，雙手和全身都劇烈上下擺動。就像哭天搶地，只是沒那麼大聲。南韓貧窮階層占全國約百分之十五，七百多萬人的巨大數字。拿起相機，想拍下罕見景象。終於，還是忍住，寧願錯過。

回首爾。清溪川淺水慢流。遊客溪邊小歇。

李明博因清溪川整治，成為全球「環保英雄」，當上總統。卸任後不到十天，就被控告

（Shutterstock 提供）

—首爾清溪川淺水慢流。

在全國河岸工程中，自己和太太，以及親信都涉貪。還以兒子名義買地，違反實名制交易法律。

東大門設計中心的幽浮蛋最漂亮。一位伊拉克裔英國女建築師札哈哈蒂的作品。銀灰色的建築外型同時具有現代和未來美感。暗夜中發出處處微光。旅行南韓一個月，看過最美的建築。二〇一四年春天啟用，台灣媒體迫不及待報導這南韓觀光新亮點。

首爾的觀光景點，還得加上主打的景福宮。這個朝鮮王國的王宮，也是重建的。交班時，衛兵穿著古韓服，手拿古旗幟。幾十個人的陣容頗有聲勢。紅藍顏色鮮豔有看頭。兒子沒興趣，只看我前幾天拍的照片。「戰爭紀念館」規模宏大。問題是，韓國的對日獨立抗暴，和對外戰爭，從來沒有一場是靠自己而勝利成功。

麻浦大橋我是非去不可。兒子陪我上橋走一段。南韓老人自殺率世界第一，總體自殺率也是世界總冠軍。麻浦大橋是著名的「自殺大橋」。二〇〇七年到二〇一二年間，已有超過一百人在橋上跳水自盡。漢江上大橋三十幾個，自殺不限哪一座。麻浦大橋只是越跳越出名，成為自殺客的從眾選擇。

為洗刷橋之惡名，「三星生命保險」公開徵求具安慰效果的句子。橋兩邊護欄加高約

十公分白色短欄，晚上有燈光照亮這些問候語和關懷句。

你真是受了很多苦。

風兒真是好。

你不說我也懂。

沒事吧？

你累了嗎？

如此這般。裝置後一年，麻浦大橋上的自殺人數，和前一年同期相比，暴增六倍。

—漢江上的自殺大橋—麻浦大橋。

# 35 南韓有三種人

僱請一位導遊去板門店，首爾北方約六十公里。本來，京義鐵路可通達北韓新義州，現在封閉。首爾只能通到板門店，一天只有幾班對開，來往不便。加上我已快三十年沒去。導遊，連車和司機，比較簡便。

三合一三種價錢。英日語導遊八小時二十五萬韓圓，四小時十七萬韓圓。中國語導遊八小時三十萬韓圓，四小時二十萬韓圓。可見中國語正在新興。會英語的相對普遍，正失去競爭力。俄語和法語等歐語最貴，八小時五十萬韓圓，四小時四十萬韓圓。

板門店就是「北緯三十八度線」。南北韓「非軍事區」，兩韓在此分邊。瞭望台地上劃著一條橫線，警告旅客拍照不得越過，以免危險。非軍事區由南北韓共管，情勢緊張後，南北韓軍的警衛互不相見。

「韓國導遊不喜歡接台灣團，喜歡接中國團。」導遊說。她是華僑第三代，說台灣人世面見多，不好賺。中國團看到東西就新鮮，購買力超級。

（Shutterstock 提供）

板門店自由之橋，連接南北韓。（上）

DMZ是非軍事區的英文縮寫。（下）

回首爾。看過青瓦台。去看ＳＫＹ，只看大門風格。延世大學校門典雅。首爾大學很特別，兩組不同的線條組合，看不懂。梨花女子大學校門優雅。梨花大外面還有一個柳寬順的小紀念公園。高麗大學略過。就這樣，果然完全沒有購物行程。

請問導遊，工作結束後有沒有興趣讓我請吃晚餐。她爽快答應，說回家換裝，就來旅館相見。她帶我去旅館不遠的地方吃火鍋。兒子和他的同學們去年輕人出沒的地方相聚。

導遊介紹南韓名酒是「真露」。說真露正好倒九杯。韓國人會做生意，兩個人就非叫兩瓶，才能喝一樣多。現在的杯子容量可不一定。

「從導遊的角度，韓國最傷腦筋的是什麼？」

我請教她。

「交通不安全。」她說。

二〇一四年就有世越號船難事件，影響旅遊最大。首爾地鐵四次事故，火車相撞等等。

「火車怎麼撞？」

平交道上火車撞汽車不稀奇。兩列火車追撞，火車頭對頭正面撞，兩輛火車攔腰相撞都發生過。

「最慘重的火車事故是什麼？」

「大邱地鐵。」她說。

一個失業的五六十歲中年人，在地鐵車廂縱火，造成約兩百人死亡，一百多人受傷。地鐵公司完全沒危機處理能力。那時她還沒當導遊，也強調南韓現在發展觀光，南韓人不會講中國語，華僑才有新機會。

南韓縱火事件常見。我請她是不是可以馬上用智慧型手機，幫我查幾個縱火案。她馬上照辦。除大邱地鐵外，還有人在地鐵車廂縱火自殺。自己在家裡縱火，去兄弟的家縱的，安養院縱火，連最重要的國家古蹟都照縱。她酒量很好，人又豪爽。請她喝完一瓶再叫一瓶。控制在不需要我帶她回家的程度就行。

她說，不想結婚，自己能靠自己。

「妳不會變成大嬸吧？」我笑她。

不結婚就不會變大嬸。她說。我把旅途遇到的大嬸說幾個給她聽。

在釜山。坐地下鐵。車上兩位大嬸坐一起。上來四個青少年，其中一位大嬸馬上指車廂的一個地方，叫他們坐那裡。他們乖乖依指示坐好。接著，大嬸指向坐定位的我，要我坐到一個比較空曠的地方。我恭敬從命。大嬸支配對象不分年齡。

在釜山，一位大嬸在停車場出入口外擺地攤。車子要進停車場會壓到。有人把車先開過地攤，倒車進停車場。有人開過停車場一半，右轉退後，退後再轉，做個兩三遍，車身打直，前輪進場。出停車場的駕駛人，吭都不敢吭。大嬸神色自在。

在首爾車站。車站大廳超級寬敞，正好沒什麼人。來個大嬸就站在大廳正中央，拿著手機講，音量大到足以威震全車站。

在首爾。等綠燈過街，兩個大嬸在我身旁。其中一個不停地大罵另一個。綠燈亮，過斑馬線，繼續罵，音量沒減。我們正好走同方向。大概超越她們兩百公尺，都還能聽到罵聲。

大嬸受苦受難大半輩子。孩子長大，手邊有些錢，不必再忍氣吞聲，就豁出去。她說，韓國人都知道，不能惹大嬸。

請教她「火病」。她說韓國人脾氣很壞。不知道和泡菜吃太多是不是有關。火病是韓國特有的國病。韓醫認為，病因來自朝鮮民族的「恨意識」。患者因生活苦惱，無處發洩憤怒，造成精神疾病。不是大嬸專有，男女通用。

痛快的晚餐。她留下姓名電話。請我回台灣後，想起什麼想問的，隨時可以找她。「韓國人有三種：男人，女人，大嬸。」她說。

# 36 以虎自許　似兔而居

短短相聚，就將分離。冬山和結婚特別騰出時間。四人行，冬山開車。出首爾，去坡州「出版城」和「藝術村」。

週日上午十一點的坡州出版城，靜悄悄。臨大街的百貨公司，冷清清。園區內有間閱覽室開放，幾對親子在看童書。和機上雜誌描述的榮景完全不同。產業園區週末看，沒個準。

藝術村在出版城附近。讓藝術家有寬敞舒適的創作環境，群聚效應可激盪創意。觀光客看到喜歡的當場買。工作，住家和門市一體。這是藝術村的規劃概念，出版城也是著眼群聚效應。

藝術村小廣場有市集，遊人寥落。花藝和紀念品店有人看，買的少。遊客都在餐廳裡。最多食客的一家大概有五成客人。小公園圍籬有趣，用削過的長短不一的各色鉛筆模樣做成。轉一圈，回餐廳和三位年輕人會合。吃中餐，聊聊。

—坡州出版城。

—坡州藝術村。

「南韓的國土像什麼？」我用好玩的語調問冬山和結婚。

「南韓人說像老虎。」結婚馬上回答。

「可能嗎？哪像？」

結婚馬上滑手機，調出圖檔。還真的韓半島被畫成一隻老虎。

「日本人說，像兔子。」冬山也馬上從手機調出圖檔，真的是把韓半島畫成兔子的樣子。日本人漢學紮實，不知是不是有「狡兔三窟」的意思。

我們父子都被他們逗樂。

「你覺得那個對？」冬山問。

「都對吧，兔子假裝成老虎。」我說。

大家一陣笑聲。

「這樣會不會被南韓人打？會不會太粗魯？」

「南韓人很粗魯。」結婚說：「日本大地震，南韓人看球賽，拿出標語，寫著慶祝日本大地震，電視全國轉播。」

一陣苦笑。冬山搖搖頭。

「老爸，你覺得韓國人像什麼？」兒子問。

冬山和結婚等著聽答案。

「韓國人比較像狼。」我說。

狼面對比他強壯的動物，會選擇避開。結伴成群才有安全感，遇到猛獸才能圍攻。狼失去戰鬥力或找不到食物，孤獨在荒野中沒方向流浪，走向死亡。荒野一匹狼在遇猛獸和餓死前，找到同伴和交配繁殖，才能脫離險境。時間是狼最大的敵人。

「很悲傷。」冬山說：「可是，又有些道理。」

冬山說附近有個「英語村」，問我有沒有興趣。太棒了，

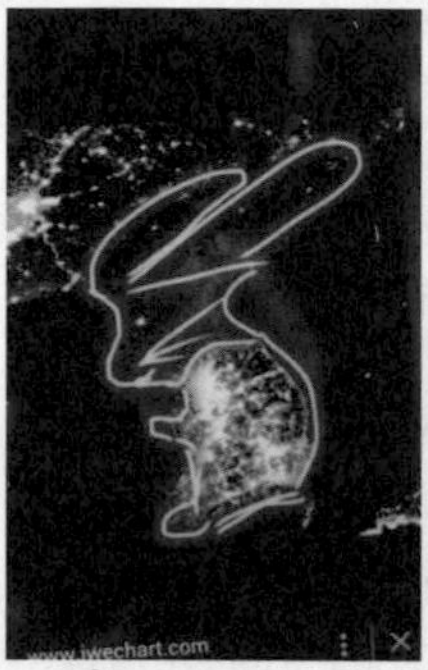


我說正有一個國際村語言學習基地的構想。

英語村有模有樣，模擬外國場景，村中全是英文標示。從出示護照開始，就是老外在查驗。一路說聽看英語。全村的遊客除我們四人外，只有兩位。冬山說，英語村經營不善，換過經營者。兒子認為，地點不對。誰跑這麼遠來上英語課？頂多能辦個夏令營。

誰來辦，怎麼辦都不會有機會。

「這個失敗的案例，對我很有啟發。」我說。

「真的，太好了。」冬山開心他對我有幫助。

「我也喜歡研究失敗案例，」他說：「我發現，成功的案例幫助比較少，失敗的案例幫助比較大。」

「冬山，你真是個聰明人。你的事業會成功的。」我祝福他。

晚上，他們有家庭時間。我們父子在街上挑家簡餐店，慢慢吃。回到旅館。旅館外面和大廳擠滿人。許多人身上披著白色大浴巾。怎麼了？原來是旅館的水塔崩塌破裂，

—街邊咖啡座。

水沿著牆壁而下，流入旅館房間。趕快進房，只帶相機出門，記不清楚相機包是放地上還是桌上。電梯已經關閉，父子衝上十樓，一路都和提行李下樓的旅客閃身而過。

房間進水的狀況不嚴重。相機袋放桌上。收拾打包完畢，父子合力搬行李下樓。兒子年輕力壯，大行李箱單手就能輕鬆提起。加入大廳的受難群。

旅客大都是女性，有些上年紀，提著行李在濕滑中走下樓梯，有些驚險。凡事求快，能省就省，時間真是南韓最大的考驗。

「去幫個忙。」跟兒子示意。

他發揮肌肉男的粗勇，一趟趟樓上樓下跑，把行李搬到大廳，我先看著，再讓主人認領。

事發約兩小時，旅客仍杵在大廳，不知該如何是好。還有旅客說，隔天約好人在旅館碰面，這下麻煩。櫃台小姐也不知該怎辦，說公司沒指示。終於，有位高大的中年人出面，英語相當流利，說自己是南韓人，也是住客，幫大家和旅館溝通。

他把櫃台小姐罵到一直哭不停。再經過大概一小時，他對大家宣布，已經和旅館溝通完成，會安排住客轉到其他旅館，不願意的人可以退錢。刷卡付錢的旅館會取消。付現金的才能領現金。我們碰巧是付現金。領錢後，已是晚上十一點。轉到曾住過的一家旅館。

「你覺得那個人是老闆還是真的客人？」我問兒子。

「客人吧。」他說。

「為什麼？」

「我在樓上有見過他，記得白天和他搭過同部電梯。」

「旅館老闆會留個房間給自己休息用。你看到的不能證明他就不是老闆。你覺得他是老闆裝成旅客，還是真的房客？」

「我還是覺得他是房客。」

「如果你的推論成立，一個小旅館淹水，三個小時沒有旅館高階主管或老闆出面，這個國家太可怕了吧？」我問。

# 37 家和幸福的對話

兒子回台灣前的最後第二個晚上，特地慫恿他住進「華克山莊」的酒店。真棒，兒子願意和我上賭場。他從來沒進過賭場。也不是想請他嚐鮮，只是希望他放鬆一點。這孩子責任心重，除了健身，難得休閒。他有很好的理財觀念，不需要我和Catherine擔心。

山莊在首爾東邊的小山崗。兩家五星級酒店，喜來登酒店和W酒店，重點是有家「天堂賭場」。山莊得名於守住釜山弧形防禦圈的美國華克將軍。天堂賭場是南韓老牌賭場，同樣只限外國人進入。

進賭場。父子散開，獨立作戰。我還是賭輪盤。賭資上限一千美元，二十年來不曾跟隨物價上漲。一個多小時後出狀況。輪盤賭局被我叫停，甩球員出錯或出千。她通殺全盤，把我押中的籌碼也掃走。百分百確定她做錯，就在她掃走我中注的籌碼瞬間，我正好看得清清楚楚。她表示沒問題。我一直指著押中的號碼。忙中難免有錯，出千可不行。

來了兩批賭場男人。我要求他們看錄影。賭桌的任何舉動都在賭場錄影監控中。大概五分鐘多一些，他們查明真相。主管過來示意女甩球員賠錢。三個籌碼押中賠十六倍的，雙方沒爭議。結帳走人，此地不宜久留。老牌賭場這麼不專業。

—首爾市區內的七喜賭場。

我們本來就只打算住一天。華克山莊離市區較遠。兒子在首爾的最後一夜，我們住回熟悉的小旅館。出旅館不遠，就有地鐵站，便於去機場。

他沒想買什麼，非買不可的是面膜。

「台灣面膜那麼多。」我笑說。

他一臉苦瓜，說沒辦法，是誰叫他買的。這個誰我見過很多次面，很喜歡的一個女孩。據兒子說，她現在是前女友，還保持聯絡。

晚上，父子在旅館房間聊些彼此在忙的事。他已進入適婚年齡，問起結婚的想法。

（Shutterstock 提供）

「我大概不會很快結婚。」他說希望自己事業先有基礎。

「你的經濟基礎已經可以結婚。你完全靠自己，沒靠家人，就存到可以買間房子的錢。不簡單。很厲害。」

「可是，我想要的房子不是我現在的錢買得起的。」他說。

「你想要什麼樣的房子？」

「我自己可以住小房間，但是家人要給他們較大的空間。」

「這跟什麼時候結婚有什麼關係？」

「我要存到夠這個錢，才要結婚。」

「你自己有打算就好。爸爸只是提醒，不要在乎房子超過在乎家。擁有 house，失去 home 就不好。」

「我就是想讓家人過好的生活品質，才這樣想。」兒子說。

一首爾大學校門，南韓人的幸福之門。

延世大學是南韓的人生勝利門之一。

「先有 home，才有 house，是個比較合理的過程吧？」

「你對 home 的定義是什麼？」兒子問。

「家就是我和媽媽把你們兄弟撫養長大的地方。」

兒子還是強調居住空間很重要，沒有家庭牽絆可以更專心事業。

「你是立業成家派。我是成家立業派。」我說。還好我不是立業成家派，不然，世界上就沒他這個人存在。他出生時，我在租房子。

「你覺得自己幸福嗎？」

「我覺得日子過得很充實。」他接著問：「你對幸福的定義是什麼？」

想起兩個大的兒子小時候的作文就是不同。老大重感受，老二有畫面。

「幸福是什麼？照字面看，干撐一片土，能執干戈捍衛家園就是幸。用現在的語言，就是

能夠獵食，守護家園。福是有田有禮儀。現代人能教養得宜，自給自足就是福。」

出張嘴，我最會。繼續表演特技。

「想清楚自己真正想說的，就能說，有地方說，有人聽。想參加或不參加什麼社團或政黨，都可以自由進出。想相信或不相信什麼學術思想和宗教思想，都能自己選擇，不必因為壓迫或隨波逐流。不必恐懼天災人禍會危害自己的身家性命。不會恐懼不照別人的話做，會受到敵視或侵害。不會恐懼生活的維生系統中斷。這就是幸福。基本幸福，小幸福。能夠創造更多人的幸福就是大幸福。」我說的是人類四大自由的白話文。

「你覺得人一生需要多少錢才夠？」兒子問。

「誰能知道一生要花多少錢？人連自己一生都無法預料，又怎麼能先做出準確的預算？不足總是有的。剩太多可能遊手好閒，可能害怕或懷疑接近的人。太不足，可能自暴自棄。足一些或不足一些，人生可能比較有平衡感和激勵性。」我還能再說什麼？二兒子很正經，也很寶。一兩年前，才跟我說過一句為子名言：「老爸，你講的都很有道理，我也相信。但是，我不是你。」正點吧。

「我有給自己設定達成目標，先達成吧。」他說。

「你老弟最近才跟我說，有目標就是幸福。」

「他怎麼會跟你說這個？」他笑著。

—未來的南韓會不會像現在一樣，只適合富人居住。

「我哪知。自己問他。兄弟多聯繫，兄弟處境好，分享快樂。處境不好，才正需要兄弟幫忙。」

父子互道晚安。隔天早上，在旅館大廳和兒子擁別。離別對我總是歡喜大於傷悲。

# 38 中國魔咒 自成一格

離別兒子，在首爾只剩兩個行程。和一位首爾大學的知名教授有約。結婚幫我邀請兩位首爾大學的學弟妹，在我訪問教授後，聊聊天。然後要去冬山家住一晚。

拜訪這位極富聲望的南韓教授，三分禮貌性拜訪，七分想聽他對南韓核心問題的見解。他在台灣出版一本書，我很喜歡，幫他寫推薦序。只是這個因緣，到首爾順道見見，算是人情義理。

教授熱誠坦率。我們約定「絕不引述」，僅供我參考。我問的七個問題已經事先用英文傳給他。除有關中美日俄韓的問題，他表示事關外交，超出專業領域，不能作答。其他六題，都清楚表達看法。

拜訪結束。在校園咖啡廳和結婚的學弟妹聊天。

「對台灣的印象是什麼？」問男生。

「以前以為南韓經濟比台灣好一些，後來看到台灣反核運動，才發現台灣比南韓進步。」他說。

「畢業後想做什麼？」問女生。

「希望能夠嫁到加拿大。不想留在南韓，一輩子為賺錢生活。」她說。

（Shutterstock 提供）

—陽台都是假的。

根據美國國土安全部二〇〇六年發佈的統計，南韓人在美國留學人數高居世界第一。沒有居留證而在美國逾期滯留的南韓人超過一百萬人。新的統計資料沒找到。只知道南韓留美人數不斷成長。「朝鮮日報」曾經調查二十到三十歲的南韓受薪階級，百分之八十八的南韓年輕人想移民他國。

冬山到首爾大學接我。他父母邀請我們父子去他家住，幾天前就已提出。我不想打擾太多，決定等兒子離開首爾後，再一個人去接受好意。

冬山家在一棟半新大樓的第十六層。說有六七十坪，看來不止。大概是習慣看台灣灌水的銷售坪所致。遠看大樓，家家都有陽台。其實陽台全部外推，只是做個假陽台外欄當裝飾。

冬山的雙親和我年紀相仿。他們家人都有漢文姓名。我們就暫且以冬山為主做稱呼。冬爸大我一點，冬媽小一點。都受過高等教育。看來都是保養很好的富泰人家。冬爸比較和藹，冬媽略帶威嚴。冬山姐姐在美國修音樂碩士，房間空著。冬山已經獨立門戶，房間空出。我住冬山以前的房間。

冬爸特別拿出一瓶陳年威士忌。冬媽準備下酒菜。三個有歲人用笨拙英語聊天。必要時冬山當翻譯兼補充說明。他們都希望冬山快結婚。但南韓聘禮不簡單。想娶個門當戶對，沒間像樣的房子誰嫁你？

問起台灣聘禮。我說，爸媽那一代還講究。我這一代就隨便給。隨便到我只買些金飾給新娘，聘金有沒給早就忘記。可見有也不多，不然我會記得。兒子這代更自由，通常我們老朋友都說，兒子是賠錢貨。結婚就跟著太太往娘家跑。聘禮在台灣已不成規矩，沒個數。男女相愛相扶持最重要。他們說，台灣比南韓進步。

冬媽換說國家大事。說蔣介石在他們心中，有如神的地位。蔣經國沒什麼。喔，原來是韓國國父金九，在上海組織韓國臨時政府，受蔣介石幫助。開羅會議，蔣介石還說服邱吉爾和羅斯福，日本戰敗後讓韓國獨立。這是金九回憶錄寫的。他回國時，蔣介石給他一億五千萬法郎和二十萬美元，作為獨立建國經費。

金九回憶錄的真實性如何，超出我的涉獵範圍。冬媽對蔣經國的評語，倒是幾分成立。蔣經國的「十大建設」，一方面是湊數，把舊案併新計畫一起算。和南韓相比，也落後八到十年。中山高速公路一九七八年全線通車。南韓京釜高速公路比中山高更長，全線通車在一九七〇年。至關工業發展的中鋼，一九七七年正式投產。浦項製鐵在一九七〇年就產出。南韓的重工業產品進入國際時，台灣的輕工業才剛要起步。豐功偉業只是獨裁造神的成就。

冬爸酒風文雅，我們慢慢喝。就聊些去過哪些地方之類的。翻出南韓全圖，一一說出，邊說邊比不失誤。首爾去過哪些地方？再換首爾地圖比一比。樂天製作的首爾旅遊地圖，封面代言人正是林志玲。

冬媽又回到國家話題。問我喜歡南韓哪個總統。我說比較喜歡金大中和盧武鉉。「你喜歡盧武鉉，我們大概會喜歡你。」她說。真是韓風犀利。要討她喜歡，得先跟她同一國。

「南北韓會不會統一？」她問。

這太難了吧。三星不知有沒有出這種考題。統一議題在南韓極端爭議。統一論者認為不但符合民族情感，也多出兩千萬便宜勞力，南韓就不需大量使用外籍勞工。統一亡國論者認為，南韓馬上多出兩千萬難民。南韓大亂。

「我認為會統一。」

「為什麼？」她問。

「南韓和北韓相比，文明進步，經濟好，人口大很多。具有好的統一基礎。」我舉西德合併東德為例。文明的，優勢的統治落後的和弱勢的，就是歷史。

中國食品

仁川唐人街主打三國演義。

「中國和美國的態度呢？」冬山問。

「南北韓如果真心都要統一，雙方有共識，哪個國家能阻擋？」我反問。

喝到晚上十一點多。隔天早餐簡單精緻。冬山堅持不幫我叫計程車。他要親自送到首爾車站。我要搭京釜線直下光州，過海從濟州回台灣。離別時，冬媽再說一次：「你喜歡盧武鉉，我們大概會喜歡你。」真是有趣的女主人。

在車上，冬山問我有關韓國的恨意識。恨意識是朝鮮民族的特殊情結。

「中國語的恨是什麼意思？」他問。

「不一定是仇恨別人。還有悔恨，後悔自己以前為什麼這樣做，為什麼沒這樣做。還有一種比較中性，熱切的渴望，恨鐵不成鋼。有些自憐和感慨吧？」冬山謝謝我讓他對韓國人的恨，瞭解得比較完整。

「為什麼韓國人恨日本人。台灣人不恨日本人呢？」冬山問。

「反日在經濟活動上造成愛用國貨。對吧？」

「是的。」他說。

「誰是最大的獲利者？現代汽車？」

「三星手機，ＬＧ家電。」冬山補充。

「樂天食品。」我加碼。

「愛茉莉太平洋化妝品。」他說：「韓劇。」

一人說一個。達成共識。只要人人「愛用國貨」，財團就可以躺著賺。

「抗日英雄紀念館和雕像也一樣要用商業觀點看。」我說。

「中國觀光客？」

「正確答案。雕像外交，反日外交都是為討好中國。財團生意好做。」

「南韓人連腦袋都被財團控制。」冬山不平地說。

一千五百年來，韓國仍無法擺脫中國魔咒。新羅王國滅百濟和高句麗，唐軍相助。朝鮮王國奪高麗王國國祚，大明賜國名。世宗創立諺文，建立國家主體性。難說去漢化，只說普及民智。此後五百年，朝鮮統治階級和菁英仍用漢字，以諺文為下階層。

二戰同盟國勝利，朝鮮獨立，感恩中國政府相救。韓戰被中國人民志願軍打到只剩東南一角。仁川有麥克阿瑟紀念公園。首爾有華克山莊。釜山有聯軍陣亡將士紀念公墓。

—首爾車站的信任界線。

二十一世紀中國既出，飢渴中國市場，驚恐中國國勢。「經濟中國，軍事美國」兩手策略。南韓國格徹底再分裂，舉國深陷迷亂。拜金民族隨波逐流。原來殖民地竟然有兩種，異族殖民和同族殖民，南韓屬於後者。

車站到了。幾年前才豎立的「姜宇奎義士」雕像，就在車站廣場。兩人在車站外擁別，互道珍重。

「我學習很多。祝你旅行平安。」

「冬山，謝謝你和結婚。祝福你們事業成功。」

推著行李越過車站大廳邊緣處的鮮明黃線。英文寫著「**只有付款才能跨越這條線　我們信任你**」。付款指的是購票。系統設計不良用「我們信任你」宣示，這個國家假得自成一格。

【父子三部曲】

【美國三部曲】

首部曲
《告別中國》

二部曲
《惜別日本》

最終曲
《離別韓國》

首部曲
《磅礴美國》

*4.*

任選八本（含以上）＿＿＿＿＿＿＿＿。6 折 / 1800 元

選購請至 ——— 吳祥輝 Brian Wu

2017

# 吳祥輝經典作品集

蝴蝶蘭文創 出版　　共八本 / 每本定價：380 元

**【歐洲三部曲】**

《拒絕聯考的小子》

首部曲
《芬蘭驚艷》

二部曲
《驚歎愛爾蘭》

最終曲
《驚喜挪威》

## 選購方案：

1. 單本 ———— 79 折 / 300 元
2. 任選三本 ———— 75 折 / 850 元
3. 任選六本 ———— 72 折 / 1640 元

吳祥輝經典作品集 — 07
父子三部曲 最終曲　WU07

# 離別韓國

## 台灣父子在南韓的相會

作　　者　吳祥輝
圖片攝影　吳祥輝
圖片提供　Shutterstock、達志影像
版型提供　遠流出版事業股份有限公司
美術原型提供　雅堂設計工作室
美術設計　徐蕙蕙
編　　輯　吳培正

發 行 人　吳祥輝
出版發行　蝴蝶蘭文創有限公司
地　　址　新北市汐止區大同路一段 237 號 9 樓之 1
電　　話　（02）2641-0899
傳　　真　（02）2641-0876
電子信箱　orchid.ltd.2011@gmail.com
郵政劃撥　50388026

初版一刷　2015 年 5 月 1 日
二版一刷　2017 年 8 月 1 日
定　　價　380 元

ISBN　978-986-89181-4-6
Printed in Taiwan



國家圖書館出版品預行編目（CIP）資料

離別韓國：台灣父子在南韓的相會 / 吳祥輝作.　—— 二版. —— 新北市：蝴蝶蘭文創，2017.08
面；　　公分 ——　（吳祥輝經典作品集；7）（父子三部曲. 最終曲；WU07）
ISBN 978-986-89181-4-6（平裝）　　1. 旅遊文學　　2. 韓國

732.9　　106012541